마음의 힘 사용설명서

마음의 힘 사용설명서

한아타 지음

고즈윈은 좋은책을 읽는 독자를 섬깁니다.
당신을 닮은 좋은책—고즈윈

마음의 힘 사용설명서
한아타 지음

1판 1쇄 인쇄 | 2011. 1. 5.
1판 1쇄 발행 | 2011. 1. 10.

저작권자 ⓒ 2011 한아타
이 책의 저작권자는 위와 같습니다. 저작권자의 동의 없이
내용의 일부를 인용하거나 발췌하는 것을 금합니다.

Copyright ⓒ 2011 by Han Ah Ta
All rights reserved including the rights of reproduction
in whole or in part in any form. Printed in KOREA.

사진 ⓒ 박윤영

발행처 | 고즈윈
발행인 | 고세규
신고번호 | 제313-2004-00095호
신고일자 | 2004. 4. 21.
(121-819) 서울특별시 마포구 동교동 200-19번지 202호
전화 02)325-5676 팩시밀리 02)333-5980

값은 표지에 있습니다.
ISBN 978-89-92975-48-3

고즈윈은 항상 책을 읽는 독자의 기쁨을 생각합니다.
고즈윈은 좋은책이 독자에게 행복을 전한다고 믿습니다.

사람들은 수영을 배우기를 원하면서도
동시에 발 한쪽은 땅 위에 그대로 두려 한다.

─마르셀 프루스트

● 시작하는 글

삶에서 성취를 이루는 힘은 어디서 비롯되는가.
내 안의 숨은 에너지를 이끌어 낼 때 삶은 어떻게 달라지는가.

지나온 길이긴 하지만 내게 찾아온 굴곡진 삶은 정형화된 언어로는 표현할 수 없는 무언가에 대한 갈증과 필요를 느끼게 하였고 그에 대한 깊은 성찰과 내적 추구는 나를 지금의 모습으로 이끌어 주었다.

한때 나는 힘들고 비참한 삶을 살았다. 하던 일들 모두 일그러져 버렸고 어느 것 하나도 붙들 것이 없게 되었다. 절망의 나락으로 한없이 가라앉는 느낌이었고 더는 그 무엇에도 미련을 둘 것이 없었다. 나 자신이 더 이상 살아 있다고 여겨지지 않았고, 이제는 더 이상 어찌 해 볼 도리가 없다고 생각했다. 그렇게 극단의 상황으로 치달아 갔을 때, 요동치던 내 감정이 어느 한 순간 이상하리만치 고요해지는 것을 느꼈다.

살아 있음이 더 이상 아무런 의미도 지니지 못하게 된 순간, 주위의 온갖 소음이 옹알이 소리로 사그라들고, 내가 있는 곳이 작은 방 안이 아니라 아무 경계 없는 무한의 영역으로 느껴졌다. 그리고 '나'라는 존재는 아무런 소음도 메아리도 일렁이지 않는, 그저 넓고 끝없는 공간에 홀로 존재하는 그 무언가일 뿐이었다. 그렇지만 외롭거나 황량하다는 느낌은 전혀 들지 않았고 푹신한 소파에 기대고 있는 듯 편안하고 아늑한 느낌이었다. 그 순간 나 자신은 한계가 없는 존재였다. 나의 내면에 자리한, 세상 모든 언어로부터 자유로운 순수의식은 그 사실을 분명히 인식하고 있었다. 나 자신은 무한히 확장되고 있었고, 이렇게 거대하고 측량조차 어려운 존재가 어떻게 지금껏 한정된 몸 안에 머물러 있었는지 신기하기만 했다. 정신을 차리고 주위를 둘러보았을 때, 눈앞에 보이는 가구들과 내 몸의 형체에 순간 깜짝 놀라고 말았다. 모든 것이 낯설게 보였기 때문이다. 이 경험은 나에게 대단히 특별한 것이었다.

당시 나는 누군가의 집에 얹혀살면서 거의 하루 한 끼 식사로 연명하고 있었다. 밥값을 낼 상황도 아니었고 씻는 것도 눈치가 보여 맘껏 할 수 없었다. 주머니에는 동전 몇 개뿐이었고, 주인이 그만 나가라고 할까 봐 늘 조마조마했다. 그나마 다행히 그 집 밥솥에 항상 밥이 있었기 때문에 주머니의 동전으로 근처에서 가장 저렴한 라면을 사다가 그 국물에 밥을 말아 먹곤 했다. 하루 한 끼, 반찬조차 없는 식사였다.

부도나 버린 사업, 채권자들의 횡포, 상실한 모든 권리, 그저 연명에 급급한 하루하루, 이런 것들로 내 삶은 황폐해질 대로 황폐해진 상태였다. 그 같은 고통과 격정의 나날 속에서 그날의 특별한 경험을 하게 된 것이다. 정확히 말하면 요동치며 갈피를 못 잡던 내 감정의 호수에 어느 날 갑자기 고요와 평온이 찾아온 것이었다.

그 일이 있고 난 뒤로 내 머릿속에서는 보다 근원적이고 본질적인 질문들이 빠끔히 고개를 들었다. 그렇게나 열심히 살았는데, 성실히 살면 달콤한 열매를 맛본다는 말은 거짓인가. 노력했다면 삶의 성취를 누리는 게 당연한 것 아닌가. 성실이란 말의 의미는 무엇인가. 나는 그런대로 부끄럼 없이 살지 않았던가. 지금의 내 상태처럼 나는 그렇게 형편없는 사람이었는가.

그렇다면 성공하는 삶의 조건은 무엇인가. 성실하다고 무조건 잘사는 게 아니고, 느긋하게 산다고 무조건 가난뱅이가 되는 게 아니라면 인생의 성취에는 내가 알지 못하는 특별한 묘안이나 법칙이 있는 건 아닐까.

나는 간절히 그 답을 찾기를 원했다. 사람마다 달리 맞게 되는 삶의 결과가 그저 우연의 산물이라고만 여겨지지는 않았다. 선한 사람인가 악한 사람인가와 상관없이, 똑똑한가 그렇지 못한가와 관계없이, 성실한가 그렇지 않은가, 교회나 절에 열심히 들락거리는가 그렇지 않은가와는 별도로, 잘되는 사람은 망했다 해도 쉽게 일어서고, 안되는 사람은 절호의 기회가 오더라도 안되는 것을 나는 보아 왔다.

그렇다면 삶의 성취를 결정짓는 특별한 이유 같은 게 있지 않을까. 삶을 행복과 성공으로 채워 가는 사람들, 그들에게는 그들 스스로 알건 모르건 삶을 풍요롭게 하는 어떤 요소가 있을 듯했다. 그리고 이런 의문과 함께 삶의 본질적인 의미와 깨달음을 얻는다는 것에 대한 근본적인 질문이 이어졌다.

사그라져 가던 내 삶은 어느 때부터인가 이런 진지한 질문들로 채워졌다. 도서관과 서점을 들락거리며 관련된 책들을 모조리 읽어 나가기 시작했고, 검색 가능한 모든 언어를 동원해 인터넷 서핑을 해 가며 알지 못했던 그 무엇에 대한 답을 채워 가려 했다. 하지만 제대로 된 방향을 알지 못한 채 무작정 무언가를 찾아 헤매는 일만 반복할 뿐이었다.

한번은 연금술 정보를 제공하는 어느 사이트에 우연히 들어가게 되었는데 거기서 '창조의 불꽃'이라는 단어를 접했다. 호기심과 지적 갈망에 찌들어 있던 나는, 혹 이것이 찾고 있던 질문에 단초를 제공해 주지 않을까 하는 기대를 했다. 그런데 허겁지겁 알아본 창조의 불꽃에 관한 내용은 그 진실성 여부를 떠나서 마치 앞뒤가 잘 맞지 않는 허술한 공상과학영화처럼 실망스러웠다. 이른바 '보라색 불꽃'을 관장하는 천사에게 기도 내지 공중을 향한 외침을 해야 하고, 그것도 특별한 횟수 이상은 해서는 안 된다는 제약까지 있었다.

만약 이것이 사실이라 해도 내가 가진 의문에 대한 답이 될 수는 없었다. 나는 적어도 성공, 깨달음, 삶의 성취에 대한 내용은 누구나 이해 가능한 것이어야 하고, 역사 속의 위인과 명사들이 스스로 알았든 몰랐든, 의도적이었든 우연이었든, 보편적이고 공통적으로 지니고 있는 성공의 요소가 분명 존재한다는 믿음을 가지고 있었다. 그것이 온당하지 않겠는가. 성공으로 향하는 과정이 어느 특정 시대에 몇몇 사람들만 사용해 온 주문이나 공중을 향한 외침 같은 것이었다면, 지금까지 성공하는 삶을 살아온 수많은 사람들과 명사들의 경우를 모두 어떻게 설명할 것인가. 그들이 단순히 주문을 외고 소리를 질러 최선의 결과를 얻어 낸 것은 아닐 테니 말이다.

나의 전제는 단순하고 확실했다. 삶의 성취를 이루는 내면의 요소는 종교에 관계없이, 사회적 배경이나 지적 특권에 제한 없이, 지역이나 연령에 상관없이 누구에게나 적용될 수 있는 것이어야 했다.

내면의 지적 갈증을 느끼면서 수많은 성공의 진리와 성인들의 깨달음에 대한 책들을 독파해 가던 나는, 그 모든 것들 속에 공통적으로 잠재되어 있는 미묘한 일관성과 내면의 통일성을 느낄 수 있었다. 그리고 나의 내면에 자리하고 있는 순수의식이 감지했던 것과 그 내용들을 적용해 가는 과정에서, 수많은 서적들이 말해 주지 못했던 또 다른 상황적 요소들과 감정적 요소들이 있다는 것도 알게 되었다. 여기서 말하는 순수의식은 그동안 내가 받아 온 교육이나 사회적 배경, 관념 등에서 벗어난, 순수한 의미의 감각적인 부분을 가리키는 말이다.

나는 어렴풋이 알게 되었고 느껴지는 것들을 글로 적어 나가기 시작했다. 그렇지만 감각적으로 느껴지는 일부 사실들은 글로 표현하기가 쉽지 않았다. 어슴푸레 인지한 내용들을 짧은 글로 옮겨 가며 나름대로 체계를 만들어 삶에 적용해 보기 시작했다. 결과는? 나는 완전히 다른 사람이 되었다. 그것은 세상이 말하는 단순한 성공 이상의 의미였다. 한 사람의 인생에 생겨난 혁명이고 기적이었다.

이 책은 그동안 설레는 마음으로 정리해 왔던 내용들을 새롭게 다듬고 보완한 것이다. 이 책에서 나는 우리가 기적이라 부르는 것들을 생활 속에서 창조하는 일이 가능함을 보일 것이다. 이 책의 내용을 읽고 적용하는 동안 독자들은 놀랍고도 즐거운 경험을 하게 될 것이다. 이 책의 일부 트레이닝과 기법들은 나에게만 적용했던 것이 아니다. 주변의 소중한 사람들부터 내게 코칭을 의뢰했던 직장인 및 경영자, 인터넷 동호회 회원들에게 먼저 권했던 것들이다. 그 모두에게서 놀랄 만큼 강력한 결과를 경험했고 그 효과에 대한 확신을 가지게 되었다.

진지하게 읽고 받아들이는 독자에게 이 책은 인생의 소중한 전환점을 마련해 줄 것이다. 나의 메시지가 온전히 전달될 수 있다면 누구든 보다 큰 자유를 획득하고 지금과는 다른 더 행복한 삶을 누릴 수 있을 것이다. 나의 부족한 전달 방식으로 인해 그 의미가 온전히 반영되지 못할지라도 적어도 인간이라는 존재로서 우리가 처할 수밖에 없는 여러 본질적인 문제들을 다시금 성찰해 볼 수 있는 하나의 전기가 마련될 것이라 확신한다.

이 책이 나오기까지 아낌없는 격려와 조언을 해 주신 모든 분들께 감사드린다.

이 책의 이야기들은 나 자신의 체험과 각성에 의한 것이긴 하지만 그 영감의 실마리가 되어 준 현자들이 있다. 그 선각자들에 의해 처음의 깨달음이 있었다. 에크하르트 톨레, 바이런 케이티, 에스더 힉스, 프란츠 바르돈, 다이온 포춘, 애니카 휴렌, 닐 도널드 월시, 베어드 스폴딩, 데이비드 호킨스, 바딤 젤란드 등이다. 이들의 말과 글은 현실에 갇혀 허우적거리던 나에게 무언가를 시도해 보고 비교해 볼 수 있도록 에너지를 제공했다. 지금 이 책은 그러한 나의 시도 중에서 스스로 체험했고 다른 이들에게도 전하여 내적이고 외적인 면에서 상승 기류를 경험했던 내용들로 채워졌다.

위에 언급한 인물들의 글을 접해 본 이라면 느꼈겠지만, 그들의 통찰과 내면의 각성을 표현한 용어들은 우리의 일상 언어 또는 보편 정서로 이해하기에는 다소 어려운 부분이 분명히 있다. 이 책에서는 그런 부분을 최대한 배제하고 기술하고자 노력했다. 보이지 않는 내면의 어떤 부분을 제한된 언어로 표현하는 것에는 한계가 있기에 어떤 부분에서는 간혹 그런 언어 표현이 사용되기도 하지만, 가급적 자제하려고 애를 썼다. 낯설게 느껴지는 용어나 내용은 이어지는 다음 부분에서 자연스럽게 이해될 수 있도록 풀어 쓰거나 부연 설명을 덧붙였다. 그런 만큼 혹여 생소한 단어나 표현을 만난다 해도 그냥 그 느낌을 간직한 채 계속 읽어 나가길 바란다. 그러다 보면 자연스럽게 전체의 의미를 이해하게 될 것이다.

  때때로, 위의 인물들이 직접 사용했던 단어들을 그대로 가져오기도 했다. 예를 들어 가능태, 내부의도, 외부의도 등의 단어는 위의 인물들이 직접 사용하거나 저서를 통해 표현한 것들이다. 하지만 이 책의 내용은 그러한 인물들이 제시한 지식의 재탕이 아니라, 현실의 적용을 통해 증명된 실제적이면서 실용적인 것이라고 감히 말할 수 있다. 또한 보다 체계적이면서 이해하기 쉬운 구성을 염두에 두고 집필한 것이므로 독자들에게 실용적으로 다가갈 것이라 확신한다.

  어떤 부분은 책을 읽는 동안 내적인 자아가 저절로 이해하도록 도울 것이다. 나는 그것을 확신하고 있다. 이 책을 한 번 읽고 난 뒤 머지않은 시기에 다시 한 번 정독하기를 권한다. 책 속에 스며들어 있는 또 다른 의미가 그대를 찾아갈 것이다. 그대는 나중에 이 말의 의미가 무엇인지 깨닫고 웃음 짓게 될 것이다. 이 책을 읽는 그대의 인생에 기적이, 그리고 행복이 함께하길 바란다.

인천에서, 한아타

차 례

시작하는 글
6
—

1장 마음의 힘은 어떻게 작동하는가
22
—

2장 감정의 관찰자, 생각의 주관자
32
—

3장 생각 멈춤의 기술
48
—

4장 누구나 행복하게 되어 있다
74
—

5장 성취와 행복을 방해하는 요소
86
—

6장 눈에 보이는 것이 전부가 아니다
102

7장 일체성이 나를 풍요롭게 한다
122

—

8장 권위와 관념의 함정
136

—

9장 마음의 힘을 움직일 때 따르는 것
152

—

10장 자연스러운 창조의 삶
170

—

한눈에 보는 마음의 힘 사용설명서
186

—

맺는 글
202

—

참고 자료
207

생각은 나의 본질이 아니라 내가 사용하고 있는 도구일 뿐이다.
우리는 원한다면 생각을 멈출 수 있고 그것을 조절할 수도 있다.
그리하여 생각에 이리저리 밀려다니지 않을 수 있다.

1장
마음의 힘은 어떻게 작동하는가

생각하는 것과 의식하는 것

짧은 하루지만 그 안에서 우리는 많은 사람을 만난다. 눈치 봐야 할 사람도 많다. 직장인이라면 상사로부터 듣기 싫은 말을 들어야 할 때도 있다. 동료나 후배의 기분을 맞춰 줘야 할 때도 있고, 때로는 가장 부담 없어야 할 가족들의 표정까지도 살펴야 한다. 그야말로 우리 일상은 타인을 의식하는 눈치 보기의 연속이다.

그런데 지금부터 말하려 하는 '의식하는 삶'은 누군가의 시선을 의식하고 눈치 보는 것과는 완전히 다른 차원의 의미다. 그것은 '스스로 자신의 생각에 대해 의식하는 삶'이다. 다시 말하면 화를 내는 자신을, 기쁨에 넘쳐 있는 자신을, 절망에 엎드려 있는 자신을 관찰자로서 관망하고 응시하는 것이다. 이렇게 얘기했을 때, 그렇다면 생각과 의식의 차이가 무엇이냐는 질문이 나올 법하다. 생각과 의식의 차이는 무엇인가.

사람들은 대개 이렇게 말한다.

"나는 이미 나의 행동을 스스로 생각하여 조절하고 있다. 나는 성숙한 인간이며, 인간의 강력한 힘 중 하나는 생각을 할 수 있다는 것이다."

하지만 생각하는 것과 의식하는 것 사이에는 분명한 차이가 있다. 누군가가 '생각한다'고 하면 우리는 그 의미가 무엇인지 쉽게 파악할 수 있다. 그렇다면 '의식한다'는 것은 어떤 의미인가.

그것은 '자신이 무엇을 생각하고 있는지를 인지하는 것'이다. 예를 들면 다음과 같다. 나는 '무언가를 가졌으면 좋겠다'고 생각할 수 있다. 그것은 생각이다. 그런데 '내가 무언가를 가졌으면 좋겠다고 생각하고 있구나, 내가 그것을 원하고 있구나'를 인지하고 있다면, 그것은 의식하는 것이다. 즉 '나 자신에 대한 관찰자로서 내가 생각하고 있는 것을 살피고 주지하는 삶'이 의식하는 삶이다.

가뜩이나 신경 쓸 일이 많아 스트레스를 받는데 나 자신까지 관찰하라니 도대체 무슨 소리인가 할 수도 있다. 그런데 이것은 스트레스를 느낄 정도로 자신을 감시하라는 말은 아니다. 그저 느끼고 의식하라는 것이다.

몸이 아파 병원에 들렀다고 가정해 보자. 초조한 느낌으로 소파에 앉아 내 이름이 불리기를 기다리고 있다. 그런데 그 소파에는 나 말고 다른 사람도 앉아 있다. 나는 그 사람을 모른다. 그냥 그 사람이 옆에 앉아 있다고 느낄 뿐이다. 내가 인지하는 것은 그 사람의 몸 어딘가가 아프다는 것과 그 사람이 옆에 앉아 있다는 것이다. 그 사람을 주의 깊게 쳐다보지도 않았고 남자인지 여자인지조차 잘 모르지만 이것만은 분명히 알고 있다. 그 사람이 거기에 있고 어딘가 아프다는 사실이다.

이런 식의 인지와 의식은 평소에도 생활 속에서 존재하는 것이고 스트레스를 불러일으킬 만한 수준의 것도 아니다. 병원에 있는 누군가를 의식할 때처럼 '나 자신의 생각을 인식하고 의식할 수 있다면' 그대는 생각하는 것과 의식하는 것 사이에 존재하는 확연한 차이를 이미 잘 알고 있다고 볼 수 있다. 그대가 스스로의 감정과 생각에 대한 관찰자가 되는 것의 가치를 체험으로 이해할 수 있다면 그대의 삶은 크게 확장되고 변화할 것이다.

동양 수행자들의 가르침이나 서양의 기적 트레이닝에서 말하는 핵심은 바로 이런 내면의 관찰자가 되는 것에서 시작한다. 그대 역시 그 가치를 인지할 수 있어야 한다. 이것은 나 자신의 삶을 창조하기 위해 첫발을 내디디는 일이다.

태초에 의식이 있었다

'끝없이 이어진 하얀 공간 안에 육체도 없고 어떤 물질적 요소도 없는 나 자신이 있다'고 가정해 보자. 그 공간이 깜깜하다고 생각해도 좋고, 빛으로 환하다고 생각해도 좋다. 사실, 이런 상태에서는 공간이라는 개념도 무의미하다. 아무것도 채워진 것이 없는데 공간이 어떤 의미가 있겠는가. 그런 상황에서는 시간도 공간도 아무런 의미가 없다.

이제 그 상황에서 나 자신이 무언가를 새로이 탄생시키는 창조자가 되어 보자. 그냥 그렇게 가정해 보자. 나 외에는 다른 상대가 없기에, '자아'라는 의미도 무색하다. 신이 자신에 대한 자아를 깨닫기 위해서 무언가를 만들기 시작했다는 말로 들릴 수도 있겠지만, 그런 식의 추리 같은 것도 하지 말고, 그냥 태초의 공(空) 상태에 자신이 있다고 가정해 보자.

창조자의 일은 무엇인가? 말 그대로 그의 직분은 창조이다. 그렇다면 아무것도 없는 상태, 시공조차 없는 상태에서 창조자가 느낄 수 있는 유일한 창조의 실마리는 무엇인가? 바로 의식이다. 언어도 의미가 없고, 형체도 의미가 없는 공간에서, 정형성이라곤 찾아볼 수 없는 상태에서 유일하게 빛날 수 있는 것은 바로 순수의식이다. 이 순수의식이 창조의 기초였다.

생각하는 삶을 의식하는 삶으로 전환하는 것은 창조자의 발상을 갖는 것과 같다. 신에게 있어 그가 가진 순수의식은 창조의 근간이 되었다. 그 이상도 그 이하도 아니었다. 분명한 사실은 이것이다. '태초에 의식이 있었다'는 것.

생각하는 나, 의식하는 나

자신을 잠시 돌이켜 보자. 우리는 매 순간 숨 가쁘게 살아가고 있다. 아침에 일어나 피로와 짜증 섞인 감정으로 오늘은 어떤 고단한 일들이 나를 기다리고 있을지 걱정부터 앞세우는 경우도 많다. 밀리는 교통, 허덕이며 뛰어 들어가는 회사, 산더미 같은 일거리, 복잡하게 얽혀 있는 문제들, 많은 것들이 우리를 숨 가쁘게 한다. 그러면서 생각한다. 어떻게 하면 쌓여 있는 일들을 빨리 해결할 수 있을 것인지, 어떻게 하면 능력을 인정받을 수 있을 것인지. 생각, 생각, 생각… 하루는 온통 생각들로 가득 차 있다.

그렇다면 혹시 이런 생각은 해 보았는가. '내가 생각을 멈출 수 있다면 나는 과연 어떤 상태에 있게 될 것인가.' 그렇다. 그때 나에게 남아 있는 것은 단지, 인지하고 의식하는 것뿐이다. 그것은 생각의 휴식을 의미한다.

생각을 멈춘다는 것은 어려운 일일 수 있다. 근본적인 이유는 많은 사람들이 생각을 자신의 본질이라고 생각하기 때문이다. 그런데 사실 생각은 자신의 본질이 아니라 자신이 사용하고 있는 도구일 뿐이다. 그런데 우리는 대개 그렇게 여기지 않는다. 하루에도 수만 가지 생각들을 하고 있고 그 상황에 익숙해지다 보니 생각을 도구가 아니라 존재처럼 느낀다. 생각을 자기 자신 또는 자신의 본질이라고 보는 것이다.

우리는 다시 생각해 보아야 한다. 생각을 도구라고 생각하는가 아니면 생각이 나 자신이라고 생각하는가. 생각을 나의 본질이라고 여긴다면, 우리는 창조 활동에 있어서 새롭게 배워야 할 것이 많다. 생각은 우리의 도구이다. 이 사실을 기억하자.

그대는 그저 다람쥐 쳇바퀴 돌 듯 고통과 고뇌가 반복되는 삶을 살아가는 사람이길 원하는가. 아니면 무한한 존재의 능력을 발휘하는 창조자이기를 원하는가. 후자이길 원한다면 그대는 그대의 생각을 도구로 다룰 수 있어야 한다. 그것은 창조자가 가진 근본 특성이다.

우리는 원한다면 생각을 멈출 수 있고 그것을 조절할 수도 있다. 그리하여 생각에 이리저리 밀려다니지 않을 수 있다. 우리가 우리의 생각조차 창조할 수 없다면 생각보다 정형화되어 있고 형태 지향적인 물질을 어찌 바꿀 수 있겠는가? 생각을 조절할 수 있는 구체적인 훈련 방법은 3장 '생각 멈춤의 기술'에서 다시 다룰 것이다. 지금은 이 하나를 생각하자. 우리는 생각을 조절할 수 있다. 그럴 능력이 있다.

풍요의 종류

풍요라고 하면 흔히 물질을 먼저 떠올리기 쉽다. 하지만 알다시피 풍요는 물질에 대한 것만을 의미하지 않는다. 관계적 풍요, 시간적 풍요, 영적 풍요, 지적 풍요, 육체적 풍요 등 여러 종류가 존재한다. 이들 중 어느 하나가 충족된다고 해서 온전한 풍요를 이뤘다고는 할 수 없다. 행복을 이루기 위해 필요한 것은 이 모든 것들의 조화이다.

삶을 창조할 때는 이 모든 것들이 서로 균형 있게 어우러져야 한다. 이들 중 일부만 있을 때 오히려 더 심한 우울을 느끼기도 한다. 소유하고 있는 일부의 풍요가 감정을 더 자극하기 때문이다. 그 간극으로 인해 심하면 자괴감이 들고 상대적 박탈감과 삶의 혼돈을 겪게 되기도 한다.

무언가를 창조하기 위해 마음의 힘을 사용하려는 우리에게는 그 무엇에 대한 구체성이 있어야 한다. 바라는 바가 최대한 구체적일 때 창조는 활발하게 일어난다. 그저 나의 행복을 위해 풍요로움을 원한다고 말하는 것에 그쳐서는 안 된다. 진정으로 나에게 필요한 것이 무엇인지 제대로 알고 있어야 한다. 초점이 분명한 도구가 보다 효율적이고 정확하게 일을 해낼 수 있는 것처럼.

여기에서 우리는 풍요는 물질적인 것만을 의미하지 않으며, 모든 것에는 조화로움이 있어야 한다는 사실을 꼭 기억해 두도록 하자.

자신의 감정에 대한 관찰자가 된다는 것이 매우 중요하다.
스스로의 감정을 객관화하고 생각을 조절하는 일을 하지 못하면
원하는 방향으로 현실을 창조하기란 불가능에 가깝다.

2장
감정의 관찰자, 생각의 주관자

일상의 기적

우리가 기적이라 부르는 것은 무엇인가. 인간의 힘을 초월한 불가사의한 일을 가리키는가. 시야를 넓혀 보면 기적은 먼 곳에서만 생기는 일이 아니다. 나 자신부터가 기적의 산물이다. 이 세상에서 나와 같은 창조물은 그 어디에서도 찾을 수 없으며, 나라는 존재가 태어날 가능성은 지극히 희박한 것이다. 나라는 존재는 수억 대 일의 경쟁률을 뚫고 기적과도 같은 가능성으로 창조되었다.

또한 기적은 매일, 그것도 흔하게 일어나고 있다. 흔하게 일어난다고 해서 기적이 아닌 것은 아니다. 그것들이 일어날 가능성만 염두에 두더라도 분명 기적이다. 나와 아내가 만날 확률은 얼마나 되는가? 여자 친구와 내가 동시에 서로에게 전화를 걸 확률은? 동생과 똑같은 옷을 살 확률은 얼마나 되는가? 수억 개의 세포 중에서 달랑 두 개의 세포가 만나 합일을 이루어 지금의 나라는 인격체를 만들 확률은 또 얼마나 되는가? 조금만 돌아보면 우리의 삶에서 기적은 매우 일상적인 것이다.

우리는 기적의 존재이다. 이것은 피할 수 없는 진실이다. 우리의 일상은 온통 기적으로 가득 차 있다. 우리는 기적을 만들어 왔고 앞으로도 우리의 삶은 기적으로 가득 찰 것이다. 그렇게 되어야 마땅하다. 행복은 자연의 순리며 지금 이 순간 그대와 나의 운명이다.

나의 삶은 그야말로 최악이었던 때가 있었다. 이런 삶에 어느 순간부터 기적이 깃들기 시작했다. 그것은 고요 속의 외침이었고 말할 수 없이 감격적인 생명력이었다. 나의 삶은 다채롭고 의미 있고 새로운 것이 되었다.

우리의 삶은 기적으로부터 시작되었고, 기적으로 채워지며, 기적으로 돌아갈 것이다. 우리의 시초는 기적이었다.

기적을 기적이라 여기면 기적은 이루어지지 않는다

삶 자체가 기적이기에 기적을 별스러운 것으로 여기고 호들갑

떨 필요가 없다. 이 점은 삶의 창조에서도 적용된다. 기적을 위해 격양된 감정을 갖는 것은 내가 원하는 것에 대한 간절함의 표현이기도 하지만 동시에 마음 한쪽 구석에서 '그것은 이루어지기 힘든 일이야'라고 말하는 것과 같다.

무언가가 이루어지기를 원하는 것은 나의 소원이자 생각이다. 그러나 무의식에서는 내가 원하는 것이 이루어질 것이라고 믿지 않는 경우가 있다. 현실적으로 이루어지기 힘든 일이라 여기는 것이다.

우리는 살아가면서 무언가에 대해 필요를 느낀다. 그런데 많은 경우 그 필요에 대한 느낌은 곧 결핍으로 변하게 된다. 그리고 그 결핍은 자신의 처지에 대한 불만과 일이 잘될 것인지에 대한 불신으로 영역을 넓혀 간다.

세계적인 명사들의 성공 기법이 담긴 자기계발서들을 보면, 간절히 원하고 또 원하라고 역설한다. 원하는 것을 가졌을 때의 느낌을 한껏 느끼라고 한다. 틀린 얘기는 아니다. 만약 결핍의 느낌을 제거할 수 있다면 분명 효과가 있다. 하지만 결핍의 느낌을 완전히 제거하기란 어렵다.

무언가 원하는 것에 대한 의도를 갖는 것, 이를 가리켜 '내부의도'라고 한다. 내부의도는 삶을 창조하는 데 있어서 분명 효과가 있다. 하지만 이것의 힘은 그리 강력하지 않다. 어찌 보면 내부의도는 매우 수동적인 특성을 가지고 있다. 바라고 원하는 것이지, 스스로가 만들어 가는 것이 아니기 때문이다.

우리는 창조자이기를 원한다. 삶을 창조하고 싶다고 말하면서 턱을 괴고 무작정 기다리는 수동적인 창조자이기를 원하지는 않는다. 내부의도도 좋긴 하지만 애초에 창조자가 가지고 있던 본래의 창조력은 그와 같은 것이 아니었다.

창조자는 안절부절 갈망해서 무엇인가를 얻어 내지 않았다. 그는 자신이 원하는 것을 선택했다. '선택'이라는 말에 유의하자. 정상적인 팔을 가지고 있는 사람이라면, 목이 말라 물을 마시고 싶을 때 탁자 위에 놓인 물 담긴 컵을 들기로 선택할 수 있다. 그는 단지 선택한다. 물컵을 잡고 싶다고 안달복달하거나 호들갑 떨지 않는다. 그는 그저 팔을 뻗어 컵을 잡을 뿐이다. 그 뿐이다.

창조자에게 있어 창조는 눈앞에 있는 물컵을 잡아 목을 축이는 것처럼 당연하고 자연스러운 일이다. 이러한 '선택의 마음 자세'는 기적을 현실로 만드는 '외부의도'를 끌어와 활동하게 한다. 이에 대해서는 곧 더 자세히 살펴보겠다.

바라는 일에 대해 격양되거나 과도한 감정적 제스처를 갖고 있다면 '기적'은 이루어지지 않는다. 기적은 우리의 감정 안에서도 일상적인 일이 되어야 하며, 우리가 무언가를 창조해 낼 수 있다는 것에 대해 추호의 의심도 없어야 한다. 하지만 우리는 우리의 감정이 어떠한지 평가하는 일에 익숙해 있지 않다. 사실

의심하지 않는다고 말하면서도 마음 한구석으로 의심하면서 그 의심이 실존하는지조차 잘 모른다.

결국 우리는 자신의 내면 깊은 곳을 살피고 감정을 평가하는 일에 스트레스를 느끼고 쉽게 피로감을 느낀다. 그러면서 그냥 성실히 일하는 게 훨씬 더 속 편하고 결과도 좋을 거라고 생각한다. 성실은 결코 나쁜 것이 아니지만 그 결과물은 기대와 다른 경우가 많다. 원하는 대로 늘 그 결실이 우리와 함께하지는 않는다는 사실을 인정해야 한다.

이제 우리의 생각을 격양시키지 않고 외부의도를 일깨울 수 있는 방법을 찾아보기로 하자. 필요한 도구들은 이미 우리에게 다 있다. 우리는 그냥 이 도구들의 사용법을 익히기만 하면 된다. 더 이상 기적을 기적이라고 생각하지 말자. 우리는 그냥 기적을 만들기로 선택했다. 그 이상도 그 이하도 아니다.

감정의 관찰자

다시 일상으로 가 보자. 우리는 종종 매우 신기한 상황과 만나곤 한다. 이 책을 읽고 있는 그대는 여자 친구 혹은 남자 친구와 아주 절묘한 순간에, 거의 동시에 전화기를 들었던 경험이 있는가. 한두 번 또는 꽤 여러 차례 그런 경험을 해 본 경우가 있을 것이다. 하루는 1,440분으로 이루어져 있다. 우리가 느끼기에 1분은 꽤 짧다. 그런데 그 1분의 12분의 1인 5초를 사이에 두고 우연히 서로에게 동시에 전화를 걸 확률은 하루에 얼마나 되는 것일까?

이런 경우 많은 연인들은 서로 텔레파시가 통했다고 한다. 틀린 말은 아니다. 생각은 에너지로 이루어져 있는데, 서로의 에너지 파장이 공명을 일으켜 정말 말도 안 되는 확률의 기적을 만들어 내는 것이다. 사람들은 이것을 기적이라 부르지 않고, 그냥 일상생활에서 있을 수 있는 신기한 일 정도로 여긴다. 하지만 이런 일들은 연인들에게 꽤 자주 일어난다. 한두 번 일어나도 신기한 일인데 말이다.

그대가 이런 경험을 해 보았다면 이것을 무엇으로 설명할 것인가. 그대가 이것을 경험했을 때의 기억을 잘 되짚어 보라. 그리고 떠올려 보라. 그때의 감정들을 느껴 보라. 그대가 그런 상황을 경험하겠다고 작정했는가? 대개 그러지 않았을 것이다. 그대는 그냥 그대와 연인이 보이지 않는 그 무언가로 연결될 수 있다는 가능성의 문만 열어 두었다. 그 상황에서 그대는 상황을 만드는 주체가 아니라, 상황을 즐기는 관찰자가 되었다.

이 관찰자가 된다는 것이 매우 중요하다. 그것은 우주의 에너지가 우리의 상황과 관련하여 자연스럽게 흐르도록 허용하는 것과 같다. 서양 신비학의 한 갈래인 카발라적 관점에서 볼 때 우주(창조의 근원, 창조자)는 베풀고 주려는 본래의 특성을 가지고 있다. 반면, 우주에 의해 만들어진 존재인 우리(피조물)는 우주의 베풂을 받아들임으로써 우주 원래의 특성인 베풀려는 특성을 충족시킨다. 우리는 우주의 베풂을 당연한 것으로 허용하고 그러한 나의 마음과 생각을 관찰할 수 있어야 한다. 이것은 서두에서 언급했던 인지하고 의식하는 삶과 관련이 있다.

그러므로 우리는 스스로에게 자문해 볼 필요가 있다. 나는 자신의 감정을 조절하지 못하고 감정적으로 안달하는 성향을 지니고 있는가? 아니면 감정의 관찰자가 되어 우주로부터의 '주어짐'을 당연한 것으로 여기며 자신의 마음을 관찰할 수 있는가?

스스로를 살필 수 있다는 것은 중요한 의미를 지닌다. 화가 나는 상황에서 화를 내는 자신의 모습을 가만히 관찰해 보자. 우리는 그때 매우 특별한 일이 일어나는 것을 경험하게 된다. 화를 내는 자신이 슬그머니 그리고 빠른 속도로 꼬리를 감춰 버리는 것이다. 직접 해 보라. 이 말이 사실임을 알게 될 것이다. 대신에 그 자리에는 묵직한 평화가 찾아온다.

이 시점에서 한 가지를 짚고 넘어가자. 화를 내는 나는 누구이며, 그것을 관찰하는 나는 누구인가? 관찰하는 나, 이것이 많은 명사들과 선각자들이 말하는 상위자아 개념이다. 상위자아가 정확히 무엇을 말하는 것인지는 굳이 자세히 알 필요가 없다. 우린 그저 자신의 감정 관찰자가 되기로 결심하고 트레이닝

을 하면 된다.

이것이 바로 서두에서 말했던 생각하는 삶이 아닌 의식하는 삶이다. 정형화된 언어를 통해서가 아니라, 병원에서 내 옆에 앉아 있는 또 다른 몸 아픈 이를 그냥 감각으로 인지하듯 내 감정을 인식하는 것이다. 나 자신의 감정적 변화에 대해 이 같은 태도를 보일 수 있다면, 우리는 보다 평온하고 평화로운 상태로 삶을 영위할 수 있다. 이런 훈련은 생각이 자신의 본질이 아니라 도구일 뿐이라는 느낌을 갖게 한다. 이것이 바로 외부의도를 끌어오는 핵심이다. 외부의도는 기적을 일으키는 원천이자 원동력이다.

외부의도는 안달하는 열망이 아니라, 선택하는 영혼에 의해 작동하게 된다. 감정에 치우치지 않기 위해, 감정의 소용돌이에 휩쓸리지 않기 위해 반드시 생각이 자신의 본질이 아니라 자신이 사용하는 도구임을 깨달을 필요가 있다.

생각은 도구일 뿐

다시 생각이라는 무형의 에너지에 대해 숙고해 보자. 많은 사람들이 그렇듯이 나도 전에는 생각이 곧 나 자신이라고 여겼다. 행동을 만드는 팔과 다리, 몸뚱이는 나 자신을 표현하는 도구이고, 매일 사용하는 언어 역시 도구일 뿐이라고 여겼지만 생각을 도구로 치부해 본 적은 없었다. 그냥 생각이 바로 나 자신이라고 단정 지으며 살아왔던 것이다.

그런데 앞서 밝힌 대로 생각도 실상은 내가 사용하는 도구일 뿐 본질적인 나 자신은 아니다. 우리는 생각 덕분에 삶을 규모 있게 만들기도 하고, 욕망을 채우기도 하며, 엉뚱한 위트를 보이기도 한다. 생각은 삶과 밀접한 관련이 있다. 자신을 의미 있는 존재로 만들어 주는 것이 바로 생각이며 나 자신이 살아 있다고 느끼도록 해 주는 것도 생각이다. 그렇지만 살아 있다고 느끼게 해 주는 도구로서의 역할과 나 자신의 본질과는 현격한 차이가 있다.

생각이 왜 도구인지는 잠시만 집중해 봐도 알 수 있다. 때때로 우리 자신은 비참함을 느낀다. 우울함을 느끼기도 한다. 못생겨서, 돈이 없어서, 뚱뚱해서, 말주변이 없어서 등 자신을 위축시키는 많은 이유들을 가지고 있다. 이 부분에서 잠깐 멈추어 생각해 보자. 나를 우울하게 하는 것은 나 자신의 본질인가? 아니면 무엇인가 부족하다고 느끼는 나의 생각인가?

좀 통통한 몸을 가진 사람이 있을 수 있다. 늘씬한 각선미를 가진 사람들을 바라보며 이 사람은 상대적으로 우울함을 느끼기 쉽다. 음식 조절도 못하는 자신을 내적으로 비난하면서 거울 속에 비친 통통한 모습을 경멸한다. 그런데 이 사람이 이 시점에서 잠시 그런 생각을 멈추고 이렇게 고쳐 생각한다.

'만약 내가 뚱뚱하다고 여기는 이 생각이 없다면, 나는 어떤 사람인가?'

그렇다. 나는 더 이상 경멸의 대상이 아니다. 다른 사람보다 좀 통통한 몸을 가지고 있을지라도 여전히 가치 있는 존재이다.

지금 이 순간 나를 우울하게 하는 것은 나 자신(본질)이 아니라, 상대적인 비교를 하는 나의 느낌과 생각이다. 자신의 체구가 큰 것이 현실 세계에서 사실일 수 있지만, 그에 대한 감정에 휘둘리는 것은 자신이 사용하는 도구로 자해를 하는 것과 다를 게 없다. 그렇게 해서는 상황이 나아지지 않는다. 새로운 창조가 일어나지 않는다.

〈네 가지 질문〉을 저술한 바이런 케이티는 자신을 고통스럽게 하는 많은 점들이 진실이 아니라 생각의 산물임을 지적하고 있다. 영혼의 가치는 그런 것들로 측정되는 것이 아니다. 그런 것들이 생각의 산물이라면, 우리는 반대로 생각을 조절해서 현실을 바꿀 수도 있다.

10만 원짜리 수표가 흙이 묻는다고 해서 그 가치가 바뀌는 것이 아니듯, 자신의 가치는 그 어떤 외부 요인으로도 바뀌지 않는다. 그렇다면 나의 가치를 바닥으로 추락시킨 것은 무엇인가? 무엇이 나를 그토록 우울하게 하였는가? 무엇이 나를 몸도 컨트롤하지 못하는 몹쓸 사람으로 만들었는가?

그렇다. 그것은 생각이다. 이렇듯 생각은 자신의 가치와 순수 본질을 흐리게 한다. 나의 본질과 나의 생각은 다른 것이다. 생각은 단지 도구일 뿐이다. 거듭 강조하는 이 사실을 명심하라.

생각은 조절할 수 있다

그대는 원하는 때에 생각을 마음대로 조종할 수 있는가? 이 질문에는 흔히들 고개를 갸웃거린다. 그렇다면 한번 확인해 보자.
 아무도 없는 캄캄한 방 안에서 모든 옷을 벗어 버리고 가장 편안한 자세를 취해 보자. 침대에 누워 있어도 되고 명상하는 자세로 정좌해도 된다. 그리고 그 상태에서 아무 생각도 하지 말고 생각을 멈춰 보라. 생각의 멈춤, 잘되는가? 대개 잘 안 될 것이다. 아무것도 입고 있지 않다는 생소함부터 어둠 자체에 대한 두려움, 지금 내가 제대로 자세를 취하고 있나에 대한 걱정 등 수많은 생각들이 머릿속을 스쳐 갈 것이다. 게다가 창밖에서는 놀이터 아이들 소리, 길을 지나는 각종 자동차 소음이 들려온다.
 그대는 말은 멈출 수 있으면서 왜 생각은 멈출 수 없는가? 원인은 생각을 도구로 여기지 않고 본질이라고 여기기 때문이다. 생각은 잠시 멈출 수도 있는 유용한 도구이고 우리는 이것을 다룰 수 있는 고귀한 능력을 가지고 있다고 여겨야 한다. 그런데 그것이 아니라, 생각이 멈춰지는 상태를 자유가 속박되는 것이라고 두려워하는 것이다. 그대는 생각이 본인의 본질이라고 믿으면서 가눌 수 없이 많은 생각의 파편들로 피곤해하고 있다.

보통의 사람들이 별도의 깨달음이나 훈련 없이 자신의 의지대로 생각을 좌지우지하기 힘들다는 사실은, 생각이 자신의 본질이 아님을 증명하는 것이라고 할 수 있다. 우리의 본질은 언제나 순수하며 청명하다. 이런 존재 본연의 특성과 모순되게도 사람들은 많은 사념의 찌꺼기들로 힘들어하고 생각의 소용돌이를 벗어나지 못해 괴로워한다.

말을 할 때 제어력을 가지는 것도 노력해야 할 수 있는 일이다. 감정 요소를 행동으로 폭발시키지 않는 것도 강한 제어력을 필요로 한다. 우리는 말과 행동을 제어하지 못하는 사람을 보고 나약한 사람이라고 한다. 그가 표면적으로라도 스스로를 제어하도록 하는 것은 그의 자존심, 교육, 양심, 노력과 훈련 등이다. 이제 우리의 생각을 컨트롤하는 데에도 일종의 노력과 훈련이 필요함을 언급하지 않을 수 없다.

분명한 점은 우리가 스스로 생각의 주관자가 되지 않는다면, 우리의 현실을 마음대로 창조하기란 거의 불가능에 가깝다는 사실이다. 훨씬 유동적이고 유연한 생각의 에너지를 컨트롤할 수 없다면 정형화되어 있고 딱딱한 현실의 거대한 석상을 다루기는 힘들 것이다. 하지만 염려할 것은 없다. 우리 중 그 누구도 예외 없이, 모두가 노력하기만 하면 그야말로 미래와 삶을 떡 주무르듯 쉽게 풀어 갈 수 있다. 그리고 우리의 삶은 기적으로 가득 차게 될 것이다.

흥미로운 훈련법 몇 가지를 검토해 보자. 효과가 있냐고? 효과를 넘어 그대는 놀라운 경험을 하게 될 것이다. 스스로 생각에 대한 통제권을 쥐고 있다 여기고 이 트레이닝들과 마주한다면 눈에 보이는 성과들이 분명 있을 것이다.

이제부터 생각의 핸들을 꽉 붙잡기 바란다. 그렇다고 너무 긴장할 필요는 없다. 편안한 마음으로 우리의 무의식적인 내면의 힘을 확인하고 훈련할 수 있는 흥미로운 연습실로 가 보자.

끊임없이 일어나는 생각의 흐름에 저항하지 않고 생각을
멈출 수 있는 가장 좋은 방법은 바로 '바라봄'이다.
화가 날 때, 슬플 때, 두려울 때, 그런 감정을 지니고 있는
자신의 모습을 그냥 바라보라.

3장
생각 멈춤의 기술

알람 없이 정한 시간에 일어나기

어떤 이들은 제목을 보고 피식 웃을지도 모른다. 연습하면 웬만한 사람은 매일 똑같은 시간에 일어날 수 있다는 걸 알고 있기 때문이다. 하지만 기억하라. 우리가 훈련하고자 하는 것은 특정 시간에 반사적으로 일어나는 신체 트레이닝이 아니다. 우리는 그야말로 생각을 트레이닝 하려는 것이며 할 수 있다면 무의식까지 컨트롤하려는 것이다.

먼저 자신이 평소에 일어나 본 적이 없는 특정 시간을 마음에 새겨 둔다. 12시에 자는 사람이라면 3시간 후를 생각해도 좋다. 매우 강하고 단호하게 그렇게 하겠다고 마음속으로 정하라. 그리고 말로도 그것을 표현하라. "나는 3시 정각에 분명히 일어난다"고 말이다. 가능한 한 현재형으로 말한다. '~할 것이다'가 아닌 '~한다'는 식으로 표현하는 것이다. 그러고는 방 안의 자명종은 신경도 쓰지 말고 벽시계를 주시하라. 그리고 같은 방법으로 마음속으로 그리고 외부의 언어로 결심을 선택하고 확인하라. 그러고 나서 초 단위로 움직이는 초침의 움직임을 인지하라. 잠깐이긴 하겠지만 그 초침의 움직임에 집중해 보라. 그렇다고 너무 집중해서 최면에 빠지라는 의미는 아니다. 초침을 내면 깊이 느끼면서 "아~ 저 아이는 저렇게, 저런 속도와 방법으로 움직이고 있구나" 하는 식으로 그 움직임을 인식하라는 것이다. 정형화된 언어가 아니라, 단지 자신의 자연스런 자각으로 인지하라는 의미다.

이 트레이닝을 하면서 이상한 기분을 느끼거나 약간이라도 공포심을 갖거나 할 필요는 없다. 우리는 지금 마법을 배우고 있는 것이 아니다. 누구나 가진 무의식의 요소와 생각의 힘을 살펴보려는 것일 뿐이다. 나 자신을 상대로 한 간단한 과학 실험 정도로 여기면 된다. 이러한 실험은 재미있는 것이다.

그대는 누군가가 눈앞에서 그대를 깜짝 놀라게 하면 눈을 감각적으로 감게 된다. 이는 일부러 생각하거나 정형화된 언어로 계산한 행동이 아니다. 단지 그대의 감각이 그렇게 하도록 했을 뿐이다. 사람은 누구나 재채기를 하면서 눈을 감는다. 눈을 뜨고 재채기를 할 수 있는 사람은 없다. 하지만 너무나 짧은 순간이기 때문에 자신이 눈을 감았다는 사실조차 잘 모른다. 누군가는 이 무의식적 사실을 강하게 반박하면서 초고속 카메라로 자신의 재채기 모습을 녹화하려고 할지 모르지만 말이다. 이 같은 무의식의 요소는 모두에게 존재한다. 모두에게 존재하는 이 보편적인 사실을 살피는 일에 대해 거부감이나 이상한 느낌을 가질 이유는 없다.

만약 그런 느낌이 계속된다면 잠시 이 책을 덮고 심호흡을 해도 좋다. 영 거부감이 든다면 아예 이 책을 읽지 않아도 좋다. 우린 단지 '누구에게나 있는' 무의식적 잠재성을 길어내고 확인하려는 것뿐이니까.

다시 트레이닝 장소로 가 보자. 우리는 새벽 3시에 일어나겠다고 의도하고 결심했다. 우리는 그 시간을 선택했다. 사실, 그 시간에는 한 번도 일어나 본 적이 없다. 나는 한창 자는 시간에는 누가 와서 발로 차도 모르는 스타일이다. 그런데 새벽 3시에 정확히 일어나야 한다니… 약간 의심이 들기는 하지만 일단 그런 기분을 떨치고 해 보기로 한다. 이건 그냥 선택의 문제이다. 나는 그 시간에 일어나기로 선택했고 그게 가능한지 살펴보기만 하면 된다.

벽에 걸린 시계는 12시가 조금 넘었다. 이제 나는 상상한다. 3시가 되었을 때의 시침과 분침과 초침의 이미지를 오버랩 시키면서 그 시간을 그냥 떠올린다. 그와 동시에 명랑하게 움직이고 있는 초침의 가벼운 발걸음을 느낀다. 그 속도를 아주 잠깐 음미하면서 초침이 3시 정각에 도착할 때를 가벼운 마음으로 상상한다. 그러면서 나는 잠이 든다. 서서히 잠이 든다.

….

새벽에 번쩍 눈이 떠졌다. 부리나케 벽시계를 확인해 본다. 아니… 이럴 수가. 시계는 조금 전에 3시를 지나서 지금은 3시 정각 5초 정도 되었다. 게다가 평소 일어나던 시간도 아닌데 몸이 무겁지 않고 매우 가볍다. 정신도 말짱하다. 어찌된 일일까? 내가 자는 동안에 나의 무의식이 초를 헤아리기라도 했단 말인가?

이 실험과 트레이닝을 해 본 소감이 어떤가? 살며시 미소를 띤 그대의 모습이 떠오른다. 그렇다. 이런 종류의 의도적 트레이닝은 괴로운 것이 아니다. 재미있고 어떤 때는 알 수 없는 자신감마저 생기게 한다. 주의사항이 하나 있다. 너무나 당연한 얘기지만 이런 트레이닝을 때때로 하는 것은 상관없으나 너무 자주 하지는 말자. 왜인지는 말 안 해도 알 것이다. 그대가 학교나 회사에 가서 조는 모습을 보고 싶지 않기 때문이다. 자신감 충전이나 확인 정도로만 이 트레이닝을 하기 바란다. 우리는 눈에 보이는 육체를 가지고 있으며 이 육체는 물리법칙의 지배를 받는다. 물리법칙과 싸울 필요는 없는 것이다.

배설에 대한 의식의 작용

볼일이 급해서 항문이 조여 오는 찌릿함을 온몸으로 느껴 본 경험이 있을 것이다. 주변을 아무리 둘러봐도 화장실은 보이지 않는 상황이다. 걸을 때마다 강도를 더해 가는 압박감에 정신이 나갈 것 같다. 누구나 한 번쯤 경험했을 이런 상황을 떠올려 볼 수 있는가? 극복 불가능하리라 생각했던 그 상황을 다행히 잘 이겨내고 결국 그대는 구원의 손길과도 같은 화장실을 만나 순산에 성공한다. 그대가 승리한 것이다. 물론 몇몇 사람에게는 이것이 승리로 이어지지만은 않았다. 패배는 평생을 두고 잊히지 않을 고통스럽고 아름다운 추억(?)이 된다.

이런 상황에 대한 얘기를 꺼낸 데는 이유가 있다. 생각해 보라. 그리고 떠올려 보라. 낯선 길에서 정처 없이 화장실로 향하는 자신의 모습과 감각을 잘 더듬어 보기 바란다. 유쾌하지 않은 상상인가? 괴롭히지는 않을 테니 한 번만 떠올려 보라. 내가 지금 떠올려 보라는 것은 그대의 항문을 자극했던 압박감과 통증의 변화를 음미해 보라는 것이다. 어느 때에 그대는 가장 극렬하고 참을 수 없는 고통을 느꼈는가?

그대의 대답이 옳다. 화장실 입구에 다다르기 직전, 혹은 변기 앞에서 옷을 내리기 직전에 그대는 가장 강렬하고 다급한 고통을 느꼈을 것이다. 어떻게 이런 일이 일어났는가? 혹자는 너무

나 당연한 결과라고 말할지도 모른다. 통증이 일어나기 시작한 지 가장 오래된 시간이니까 당연히 그때가 제일 고통이 심하지 않겠느냐고 말이다.

그러나 실상 그렇지 않다. 우리의 느낌에 대해 좀 더 정직하고 정확하게 이야기해 보자. 배와 항문에서 오는 그때의 압박감과 통증은 결코 시간에 비례해서 늘어나지 않는다. 이 통증이라는 것은 파도와 같아서 한번 밀려왔다가 사그라들고 또다시 밀려오고를 반복한다. 그러나 거의 예외 없이 변기 앞에서는 가장 강력한 메가톤급 압박을 느낀다. 이제 내가 말하려는 것을 보다 자세히 언급해 보기로 하겠다.

배에서 약간의 이상한 기운이 감돌기 시작한다. 그러더니 급기야 대장과 항문에서 찌르르르 신호가 오기 시작한다. 화장실에 가야 하는데, 이곳에서 내가 아는 가장 가까운 화장실은 300미터쯤 걸어야 하는 곳이다. 가까운 곳이 없나 두리번거린다. 화장실이 열렸을 것 같은 옆 빌딩으로 뛰어들어 간다. 떨리는 마음으로 화장실 손잡이를 돌렸는데, 이럴 수가, 문은 잠겨 있다. 내가 아는 화장실로 발걸음을 옮기면서 나는 두세 차례 더 다른 빌딩 화장실에 접근해 본다. 하지만 결과는 마찬가지.

이런 험난한 여정의 드라마를 쓰면서 나는 내 안에서 꿈틀대는 통증의 변화에 주시하게 된다. 의미 없이 그냥 통증이 왔다 가는 것 같지만, 실은 그렇지 않다. 화장실이 있을 것이라고 기대하는 빌딩에 들어설 때부터 통증의 깊이는 극심해진다. 그리고 기대가 사그라질 무렵 고통 역시 약간 완화됨을 경험한다. 이제 눈앞에 지하철 역사가 들어오면서 저곳만 가면 임무를 완수할 수 있을 것이라는 기대감에 차오른다. 그런데 어찌된 일인지 기대감이 차오를 때마다 고통 역시 증가됨을 경험하게 된다.

가끔 이런 상황에서 뜻하지 않은 횡재를 경험하기도 한다. 전도 나온 어느 교회 아주머니가 구원 받으라며 고맙게도 휴지를 나눠 주는 것이다. 그분은 정말 내게 구원자다. 휴지를 받아 든 순간 나의 항문은 더 다급한 신호를 보낸다. 더 이상은 참을 수 없다고 말이다. 이윽고 화장실에 들어가서 허리에 매여 있는 안전장치를 풀게 되는데 그동안의 인내의 시간이 무색할 만큼 그 짧은 순간이 아주 길고 고통스럽게 느껴진다. 이 엄중한 임무에서 실패하는 사람이 있다면 거의 대부분이 화장실과 매우 가까운 거리에서나 화장실에서 옷을 내릴 때 그것을 겪게 된다.

무엇을 말하려는 것인가? 그렇다. 주위의 상황과 여건이 나의 무의식을 지배한다는 사실이다. 무의식을 넘어 통증까지 조절한다. 내가 어떤 내면의 상태를 가지느냐에 따라 고통을 느끼기도 하고 그렇지 않을 수도 있다. 그리고 그런 동증의 다양성은 거기에 부합하는 특정한 결과를 만들어 낸다. 결론적으로 급히 화장실을 찾게 만든 것은 점심 때 먹은 음식물일 수 있지만, 그것을 극복하게 하는 요소는 우리의 의식적인 부면에 있음을 확인할 수 있다.

다시 간단한 트레이닝 시간이다. 일부러 이런 상황을 만들어야 할 이유는 없지만, 피치 못하게 이런 상황이 생긴다면 지금의 이 글을 기억해 내고 적용해 보라. 복부에서 통증이 올라오려 할 때 그 상태에서 생각을 멈춰 보라. 생각을 멈추는 간단한 방법은 통증을 느끼는 나 자신을 그냥 가만히 주시하는 것이다. 말을 건넬 필요도 없고 정형화된 명제를 생각할 필요도 없다. 그냥 갑과 을의 관계에서 을 속에 있는 나 자신을 바라보기만 하면 된다. 자신의 존재를 단순히 인지하듯 그냥 의식하면 된다. 그러면 어느 때부터인가 정신 속에서 시끄럽게 떠들던 자신은 조용해지고 통증이 가라앉기 시작한다. 만약 화장실을 가는 그 순간까지 자신의 생각을 컨트롤할 수 있다면 그대는 매우 순조로이 임무를 완수할 수 있을 것이다.

이런 종류의 생각 멈추기 트레이닝은 비단 배설의 충동을 억제하는 데만 효과가 있는 것이 아니다. 이것은 실제로 치료의 효과가 있다. 나 또한 그 효과를 체험한 사람 가운데 하나이다. 사람의 생각이 일종의 에너지라고 믿는 나로서는, 이것이 자신이 아닌 타인의 치료에도 효과가 있다고 생각한다. 하지만 이 점은 적용하기에 따라 여러 변수나 애로 사항이 있기에 지금 이 시점에서는 나 자신과 관련된 생활의 창조에만 초점을 맞추기로 하자.

그러면 자신에게서 치료 효과가 나타나도록 어떻게 이 방법을 적용할 수 있는지 내 경험을 예로 들어 보겠다. 어느 날 나는 무거운 물건을 들다가 허리를 삐끗하게 되었다. 상태는 생각보다 심각해서 엉덩이와 대퇴부까지 제대로 말을 듣지 않았고 결국 다리를 절룩거려야 할 정도가 되었다. 걸음을 내디딜 때마다 심한 통증을 느껴야 했다. 이 같은 상황에서 생각을 멈추는 일은 과연 어떤 효과를 발휘하는가.

끊임없이 일어나는 생각의 흐름에 저항하지 않고 생각을 멈출 수 있는 가장 좋은 방법은 바로 '바라봄'이다. 화가 날 때 화를 내고 있는 나 자신을 인지하고 의식하듯 그냥 바라보라. 그러면 화를 내고 있는 자아는 부끄러운 듯 얼른 꼬리를 감추고 만다. 슬플 때나 두려운 느낌이 들 때도 마찬가지다. 이것은 트레이닝을 하면 할수록 그 효과가 나타나는 속도가 짧아진다.

생각의 흐름이 끊어진 상태에서 나 자신을 인식하며 통증이 느껴지는 상태를 그냥 바라보라. 마치 자신이 아닌 다른 이의 아픔을 인지하듯, 그러나 사랑스런 느낌으로 그냥 바라보며 의식하라. 통증을 느끼는 자신에 대해 아무 말도 말고, 아무 저항이나 정형성도 부여하지 말고 그냥 생각이 멈춘 상태에서 의식하기만 하라. 가능하다면 눈을 감고 아픈 부위에 집중하여 그냥 사랑스런 느낌으로 주시하라. 효과가 빨리 올 수도 있고 천천히 올 수도 있다. 트레이닝을 하면 할수록 효과는 누적될 것이고 눈으로 확인할 수 있는 성과도 빨리 찾아올 것이다.

지금 나를 아는 사람 중에 나를 허리 아프고 절룩거리는 사람으로 기억하는 이는 거의 없다. 나에게 그런 일이 있었다는 것을 다른 사람들이 눈치 채기도 전에 나는 완치되었다. 마비에 가까운 통증이 사라진 것이다.

동전 활용법

이루고 싶은 일이 이미 이루어졌다고 생각하고 시각화하는 것은 기적을 만드는 데 큰 도움이 된다. 시각화라 함은 자신이 원하는 일을 머릿속 영상으로 그려 보는 것이다. 이것은 내면에 있는 자아를 관찰자 내지 의식하는 사람의 시점으로 바꾸고 외부의도를 끌어오는 것과 관련이 있으며, 이러한 외부의도와 내부의도를 융합시키는 데 효과가 있는 트레이닝이다. 내부의도는 외부의도와는 분명 다른 것이지만, 내부의도와 외부의도의 일치를 이루어 가는 것은 현실을 만들어 가는 창조자에게 꼭 필요한 면이다.

기적 창조에 있어서 내부의도와 외부의도를 이해하는 것은 반드시 필요하다. 내부의도는 말 그대로 우리 내면의 의도를 말한다. 우리가 현실 창조를 위해서 원하는 꿈을 꾸고 심상화를 하는 것은 내부의도이다. 이것을 통해서도 현실은 창조될 수 있다. 우리의 모든 내적 노력들은 바로 내부의도에 해당한다. 하지만 우리가 일체성을 이해하고 마음 깊은 곳으로부터 기적 창조를 당연한 것으로 여김으로써 주파수를 우주의 주파수에 맞추는 것, 그렇게 해서 우주적 공명을 일으키는 것은 우주로 하여금 외부의도가 작용하게 한다. 이에 대해서는 7장에서 좀 더 살펴보도록 하겠다.

창조를 위한 시각화 훈련으로 나는 백 원짜리 동전을 많이 이용한다. 손에 쥔 동전을 펼쳤을 때 나오는 쪽이 앞면인지 뒷면인지를 맞히자는 건 아니다. 그건 창조가 아니라 점쟁이가 하는 일이다. 내 앞에서 무슨 일이 일어날 것인지, 앞면이 나올 것인지, 뒷면이 나올 것인지 맞히는 것은 말 그대로 맞히는 것에 지나지 않는다. 우리는 무조건 앞면을 시각화해서 그 면이 나오도록 하는 훈련을 할 것이다.

방법은 간단하다. 동전 한 개를 손에 쥐고 흔들어 동전의 앞면이 나오도록 하는 것이다. 동전을 흔들기 전에 동전 앞면을 유심히 관찰한다. 반드시 앞면만 관찰한다. 이 동전은 앞면만 있다고 생각하면서 동전의 재질과 빛깔, 두께, 그리고 거기 양각된 인물의 모습까지 아주 꼼꼼하게 살핀다. 준비가 되었으면 동전을 양손 사이에서 흔들어 준다.

직관적으로 약간 다른 느낌이 들면 절대 손을 펼치지 않는다.

계속 흔들다가 느낌이 좋을 때 손을 펼친다. 그러면 여지없이 앞면이 나온다. 나의 경우 이제는 주의력이 좀 흐트러졌을 때를 제외하고는 거의 앞면만 나온다. 같은 모양을 계속 시각화하다 보니, 나중엔 시각화가 매우 쉬워지게 된다. 반복이란 여기서도 중요하다.

동전 트레이닝에서 내부의도가 외부의도로 연결되도록 자극하는 시각화의 원리는 다음과 같다.

1. 동전의 앞면과 뒷면은 이미 존재하고 있다.

우리는 트레이닝을 하기 전부터 이미 마음속으로 동전의 앞면과 뒷면의 존재를 기정사실화하고 있다. 보통 다른 시각화의 경우 결과에 대한 변수가 많아 시각화가 매우 유동적이고 구체성이 떨어질 수밖에 없다. 하지만 동전의 경우는 그렇지 않다. 결과는 둘 중 하나로 날 수밖에 없다. 그런 상황에서 매번 계속해서 앞면만을 시각화했다.

2. 이미 존재하고 있던 것 안에서 단지 선택을 했고 시각화를 했다.

양자역학에 따르면 물질이 동시에 여러 곳에 존재할 수 있다고 한다. 우리는 단지 의식의 고정관념 속에서 그 물질이 있다고 생각되는 곳을 선택하고, 그 물질적 요소는 우리에게 나타난다. 이것이 아주 중요한 포인트이다. 소원이 이미 이루어져 거기에 있는 듯, 아주 당연하다는 듯 받아들이는 것이다. 동전을 이용한 훈련에서는 이미 결과가 존재하고 있는 것이므로 시각화가 쉽다. 당연하다는 느낌도 더 자연스레 생기게 된다.

자신이 소원하는 것을 이루는 것도 마찬가지 원리다. 있을 수 있는 상황에 대해 이미 있다는 생각을 하는 것이다. 우린 단지 있는 것을 선택할 뿐이다. 이걸 이미 존재하는 동전의 앞면을 선택하는 것처럼 아주 실제적으로 느껴야 한다.

일반적으로 내면적 시각화가 실제 현실에서 물질로 나타나기 어려운 이유는, 머릿속으로는 이미 이루어졌다고 생각하지만 그 생각이 순수한 믿음에서 온 것이 아니라 의구심과 두려움으로 둘러싸인 믿음을 진실한 믿음이라고 믿고 싶은 마음에서 비롯된 것이기가 쉽기 때문이다. 우리의 무의식을 속일 수는 없다. 우리가 무언가를 창조하려 할 때 우리 무의식의 깊은 바다에서부터 진정으로 '원하는 것이 이미 이루어졌다'고 생각하고 있는지는 가늠하기 어렵다. 그것은 '이루어졌다'는 생각이 아니라 '이루어졌으면 좋겠다'의 생각일 수도 있는 것이다.

동전 트레이닝의 경우에는 우리의 무의식도 동전의 앞뒷면이 이미 존재하고 있다는 것을 사실적으로, 그리고 적극적으로 인정하고 있다. 그 안에서 선택을 하고 시각화를 하는 것이다.

3. 이미 있다고 생각하는 것 안에서의 구체적 시각화는 성공 가능성을 높이게 된다.

동전 트레이닝에서 많은 경우 시각화한 앞면이 나오는 이유는 다음 세 가지 요소가 일치했기 때문이다. 바로 느낌, 생각, 행동이다.

느낌 이미 동전의 양면이 있다는 것을 느낌으로 인정한다. 매우 당연하다는 듯이. 그리고 동전을 두 손에 넣고 흔들면서 이미 두 개의 결론 중 하나가 나올 것이라는 느낌을 무의식적으로 인정한다.

생각 앞면만 시각화한다. 이미 존재하고 있는 것 안에서 생각의 힘에 의해 더 많은 가능성이 동전의 앞면에 쏠리게 된다. 에너지의 흐름이 앞면으로 흐른다.

행동 직관적으로 약간 다른 느낌이 들면 손을 펼치지 않는다. 그런 경우, 계속 동전을 손 안에서 흔든다. 느낌이 좋을 때 손을 펼치면 여지없이 앞면이 나온다.

동전 트레이닝 결과, 항상은 아니라 해도 많은 경우 동전의 앞면이 나타나는 걸 경험하게 될 것이다. 이를 꾸준히 연습해 보고 그 원리와 느낌을 실제 생활의 다른 면에도 적용할 수 있다. 시각화는 우리의 현실을 우리가 원하는 방향으로 창조할 때 효과적으로 활용할 수 있는 강력한 도구이다.

의도한 꿈꾸기

누구나 자는 동안 꿈을 꾼다. 그대가 최근에 꾼 꿈 가운데 특별히 기억나는 것은 무엇인가. 정말이지 생생해서 꿈꾸는 동안 그것이 현실이라고 착각했던 경험이 있는가. 아니면, 자신이 꿈꾸고 있다는 사실을 꿈나라 안에서 자각하고 있었던 경험은 없는가. 여기에서 꿈의 내용에 의미를 두려는 것은 아니다. 물론 꿈의 내용 자체에 의미가 있을 수도 있다고는 생각하지만 내가 초점을 맞추려는 것은 그 내용이 아니라, 꿈을 꾸는 동안의 무의식의 각성 상태이다. 즉, 꿈을 꾸는 동안 그것을 꿈이라고 인정하고 내용을 조절할 수 있느냐의 문제에 대해 말하려는 것이다.

먼저 한 가지 묻고 싶다. 그대는 꿈이 어디로부터 온다고 생각하는가? 그대의 내면으로부터인가 아니면 외부로부터인가? 그렇다. 그대도 인정하다시피, 그것은 그대의 내부에서 일어나는 일이다. 그렇다면 이 시점에서 다시 한 번 짚고 넘어가야 할 것이 있다. 그대는 현실을 창조하길 원하는가 그렇지 않은가? 원하는 바를 이루길 원하는가 그렇지 않은가? 물론 그대는 현실을 창조하고 그 안에서 원하는 바를 이루고자 할 것이다.

그렇다면 기억하기 바란다. 그대가 그대의 내부에서 일어나는 것조차 마음대로 조절할 수 없다면 어떻게 외부에서 일어나는 일들을 조절할 수 있단 말인가? 이제 내가 무슨 말을 하려고 하는지 그대는 눈치 챘을 것이다. 맞다. 그대는 그대의 내부에서 일어나는 꿈을 조절할 수 있어야 한다. 물론 꿈은 무의식 중에도 일어난다. 꿈을 꿨다는 사실조차 모르는 경우가 허다하다. 그렇지만 그런 경우를 제외하더라도 그대가 지각할 수 있는 한도 내에서 그대는 꿈을 조절할 수 있어야 한다.

내가 너무 힘든 걸 요구한다고 생각하는가. 그렇다면 그대의 꿈속 상황들을 한번 돌이켜 보자. 대개 꿈속에서 그대는 매우 수동적이었다. 도망 다니고, 가위눌리고, 절벽에서 떨어지고, 끔찍한 광경을 목격하고, 다리조차 맘대로 뗄 수 없고, 원하던 결정적인 기회를 살리지 못하고…. 그대는 그대가 꿈의 주체이자 주인공이면서도 그 안에서 그대가 원하는 삶을 살지 않았다. 사실이 그러할진대 어떻게 꿈보다 훨씬 견고하면서 틀에 얽매여

3장 63

있는 현실을 바꾸고 새로이 창조할 수 있을 것인가?

　이 트레이닝 과정을 한 번만이라도 통과해 본 사람이라면, 내가 주문하는 것이 그다지 힘든 일이 아님을 이해하게 될 것이다. 그대는 더 이상 악몽에 시달리지 않아도 되고 그대 내면에 자리하고 있는 많은 두려움을 걷어 낼 수 있다. 그리고 우리가 사는 현실 세계 역시 또 하나의 길고 긴 꿈의 여정임을 이해하게 된다. 어느 쪽에서의 어느 형태로서의 꿈이든지 그대는 그 모든 것을 조절할 힘을 가지고 있으며 눈앞에 맞닥뜨린 어떤 실체이든지 바꾸고 재창조할 힘을 가지고 있다. 이것은 진리이자 사실이다.

　꿈을 꾸면서 자신이 꿈꾸고 있다는 사실을 깨닫는 것을 '자각몽'이라고 한다. 우리는 자각몽을 꾸는 동안 우리가 처한 급박한 상황을 단숨에 바꿀 수 있다. 그러면 자각몽을 꾸는 방법과 꿈속에서의 자신의 상황을 극복하는 방법을 검토해 보자. 조금은 설레는 마음으로 나를 따라와도 좋다.

　일반적으로 자각몽을 꾸거나 꿈꾼 사실을 생생히 기억하게 되는 경우는 늘어질 만큼 충분한 휴식이 이루어졌을 때이다. 그런 경우가 아니라면 긴장을 하고 잠들었을 때 생긴다. 보통 우리가 기억하는 꿈은 잠에서 깨어나기 얼마 전인 늦은 새벽 시간에 꾼 것이다. 기억되는 꿈의 생성은 이렇게 늦은 새벽 시간처럼 이미 몸의 피로가 충분히 풀린 상태에서 가능하게 된다. 그러므로 자각몽을 꾸기 위해서는 몸에 대해 배려가 필요하다. 가능한 한 충분하게 휴식을 취할 것을 권한다. 물론 일부러 자각몽을 꾸려고 시도하지 않아도 된다. 살아가는 동안 자신이 꿈꾸고 있다는 사실을 꿈속에서 종종 깨닫곤 하니까. 기회는 오래지 않아 오게 되어 있다.

몸에 긴장감을 주어 의도적으로 자각몽을 꾸는 것은 권하지 않는다. 긴장감을 가지고 잠들기 위해 일부러 무서운 영화를 보거나 의식적인 긴장 상태를 불어넣지는 말라는 것이다. 그런 경우 자각몽을 넘어 가위에 눌릴 수 있다. 처음부터 너무 센 상대를 만나게 되는 셈이다. 자각몽 트레이닝을 하면 가위에 눌리는 현상을 퇴치하는 효과 또한 기대할 수도 있긴 하지만 일단 자각몽을 꾸는 것부터 목표로 삼자.

꿈을 기억하거나 자각몽을 꾸는 또 다른 방법은 밤 시간에 정상적인 수면을 취하고 낮 시간에 잠을 좀 더 자는 것이다. 그런 경우, 낮잠을 자는 동안이나 그 다음날 잠을 자는 동안에 기억나는 꿈을 꾸거나 자각몽 상태가 되기도 한다. 어쨌든 자각몽 유도의 핵심은 충분한 휴식을 취하면서 잠자는 패턴을 약간 바꾸는 것에 있다. 충분하지 않은 휴식으로 곯아떨어지면 자각몽은커녕 너무 깊은 잠에 빠져 다음날 꿈을 기억할 수 없다.

자, 그대가 꿈꾸고 있다는 사실을 꿈속이라는 무대에서 스스로 자각하게 되었다면 일단 그대는 이 꿈 트레이닝에 있어서 첫

번째 관문을 잘 통과하였다.

자신이 꿈꾸고 있다는 사실을 깨닫는 경우 중에는 악몽을 꾸거나 가위에 눌리는 상황도 종종 있다. 그대는 무서운 꿈을 빨리 끝내 버리려고 극단의 조치로 높은 절벽에서 뛰어내리려 할지도 모른다. 또는 행복한 꿈이 오래도록 지속되었으면 하고 바랄 수도 있다. 아니면 꿈에서조차 스트레스 받는 상황을 피하려고 무진장 애를 쓰고 있을지도 모르겠다. 어떤 경우엔 꿈꾸고 있다는 사실을 꿈속에서 알고 있더라도, 몸이 잘 안 움직여지기도 한다.

이제 그대가 그 꿈을 바꿀 차례이다. 그대는 단지 상상만 하면 된다. 처한 상황에 저항하려 하지 말고 그 상황 자체를 자연스럽게 역전시키면 된다. 이것이 자각몽 트레이닝의 핵심이다. 알고 보면 아주 쉽다. 좀 더 자세한 설명을 붙이면 다음과 같다.

일반적으로 가위에 눌리거나 악몽을 꾸는 당사자는 처한 상황에서 벗어나려고 저항하기 시작한다. 말할 수 없는 공포가 엄습하고 그 꿈에서 깨어나려는 시도를 한다. 하지만 깨어나려 할수록 자신이 그 꿈의 무서운 존재에게 더 강압적으로 제압 당하고 있음을 발견하게 된다. 겨우 깨어난 듯하면, 깨어났다고 생각하는 상황 역시 꿈이고 꿈은 또다시 악몽으로 연결되기도 한다. 그대도 이런 경험을 해 보았을 것이다.

내가 권하고 싶은 것은, 절대 저항하지 말라는 것이다. 저항하는 대신 그냥 상황이 역전되는 상상을 하라. 예를 들어 누군가 으스스한 웃음으로 자신의 목을 누르는 악몽을 꾸고 있다면, 그 두려운 존재의 목을 누르면서 간사하게 웃고 있는 자신을 상상하는 것이다. 이것이 정말 효과가 있을지 의구심을 가질 수도 있겠지만, 의외로 효과 만점이다. 언제나 이런 상상만으로 상황을 역전시킬 수 있으며, 악몽을 꾸는 빈도수도 점점 줄어들어 나중에는 더 이상 악몽을 꾸지 않게 된다. 이 점과 관련하여 내가 경험한 실제 효과에 대해서는 9장에서 다시 언급하겠다.

자각몽을 꾸게 되는 상황을 만들기가 어려워서 그렇지, 자각몽을 꾸는 중에 자신의 상황을 역전시키거나 또 다른 상황을 창조하는 일은 의외로 쉽다. 꿈속에서 잘 움직이지 않던 다리는 상대방을 자유자재로 놀리면서 쾌속 질주하는 슈퍼맨의 다리가 되어 있을 것이다. 원한다면 그 외의 상황도 만들어 꿈을 꿀 수 있다. 꿈속에서 그대의 삶은 저항하거나 고통스런 삶이 아니라 선택하는 삶이 되어 있을 것이다.

자신의 삶이 눈물겹게 저항하거나 고통을 이겨 나가야 하는 삶이 아니라 선택에 의해 만들어질 수 있다는 사실은 꿈에서만 적용되는 것이 아니다. 그대는 능히 자신의 삶을 선택할 수 있다. 이제 그대는 선택과 저항의 차이를 자각몽 트레이닝을 통해 조금씩 이해하게 되었다. 그대가 꿈속 자신의 모습을 디자인할 때뿐 아니라 생각의 멈춤을 경험할 때에도, 삶을 창조할 때에도 저항하기를 멈춘다면 보다 많은 것을 보다 빠른 시간 내에 얻게 될 것이다.

휴대전화를 이용한 시간의 마디 만들기

원하는 삶을 창조하기 위해 꼭 필요한 일 중 하나는 자신이 원하는 것에 가능한 한 많은 시간을 집중하는 것이다. 생각만으로 그냥 이루어지는 일은 없다. 하다못해 복권에 당첨되기를 바랄 때에도 자신이 원하는 번호를 주의 깊게 선택해야 하고 복권을 사기 위해 판매소에 가야 하며 산 복권은 잘 보관해 두어야 한다. 별다른 노력 없이 성취하는 것 같아 보이는 복권 당첨조차도 이처럼 구체적인 행동이 요구되는데 다른 일에서는 얼마나 더하겠는가?

창조하는 삶을 살기 위해서는 바라고 원하기만 하는 '열망의 행동'이 아니라, 원하는 것을 자연스럽게 자신의 것으로 선택하는 '선택의 행동'이 필요하다. 선택의 행동의 바탕을 이루는 것은, 선택하면 당연히 가지게 될 것이라는 믿음이다. 즉 어떤 일을 이루려 하든지, 그것이 소망이나 외부 환경의 문제가 아니라 선택의 문제임을 인지하는 것이다.

앞에서 우리는 동전 트레이닝을 통해, 원하는 삶을 창조하기 위해 일치되어야 하는 세 가지에 대해 살펴보았는데 그중 하나가 행동이었다. 유명한 화가가 되기 위해서는 그에 맞는 '선택의 행동'이 뒤따라야 한다. '행동'해야 한다는 것은 수많은 변수들 가운데 눈물 나도록 치열한 싸움을 해야 하는 일련의 과정을 거쳐야 함을 의미하는 것이 아니다. '선택의 행동'은 자신이 유능한 화가가 되기로 결정하고 그것이 이루어질 것이 분명한 당연한 것으로 여겨 일련의 단계들을 밟는 것을 의미한다. 예를 들어, 각종 전시회에 자신의 작품을 응모하거나 출품해 가는 즐거운 시도들을 하는 것을 의미한다. 창조와 행복으로 향하는 우주의 에너지에 올라타는 방법을 깨우치고 적용한다면, 우리는 피눈물 나는 삶을 살지 않아도 된다. 중요한 것은 우리의 선택의 행동이다.

어쨌든 우리는 삶을 유지시켜 주고 아름답게 단장해 줄 많은 일들이 있기에 하루 종일 소원을 떠올리는 일에만 파묻혀 살 수는 없다. 그래서도 안 되고 그럴 수도 없다. 우리가 행복을 느끼는 삶은 소소한 일상에서 나오는 것이지 거창하고 마법과도 같은 사건에서 나오는 것이 아니다. 복권에 당첨된 사람이라 해서 행복하고 보람 있는 일상의 삶을 보장받지는 못하는 것과 같은 이치다.

우리는 삶을 가꾸고 만들어야 한다. 그렇다면, 어떻게 정상적인 삶을 살아가면서 동시에 원하는 바를 마음 한가운데 자주 떠올릴 수 있을까?

가장 좋은 방법은 하루 중 일정한 '시간의 마디'를 만드는 것이다. 특정 시간이나 일정 시간 단위로 마음으로부터 자신이 원하는 바를 떠올리는 기회를 갖는 방법이다. 어찌 보면 참 번거로운 일이다. 그리고 이 사실 자체가 부담스러운 일이 되어 자칫 소원에 역행하는 에너지를 만들게 될 수도 있다. 부정적인 생각의 에너지 말이다.

이제 내가 사용하는 방법 중 유용한 방법 하나를 소개하겠다. 바로 우리 모두의 가장 가까운 친구가 되어 버린 휴대전화를 이용하는 것이다. 설정 하나만 바꾸면 된다. 매시간 정각을 알리는 신호음이 울리도록 말이다. 나는 예쁜 목소리로 매시간 정각이 되면 '○○시!'라고 알려 주는 설정을 사용하고 있다. 어쨌든 시간의 마디를 일깨워 주는 소리가 하루 중 여러 차례 존재하도록 만드는 것이다. 신호음이 나면 비록 짧은 시간이지만 눈을 감고 나의 소원과 삶의 창조에 대해 깊이 의식하면서 영혼의 울림을 따라 가장 특별한 순간을 누린다.

이때 유의해야 할 점이 있다. 자신이 원하고 생각만 해도 가슴 뛰게 하는 그 소원이 내 삶에서 실현되기를 원하는 구체적인 이유와 목적이 있어야 한다. 그 이유가 결핍이나 상대적 박탈감 같은 부정적인 것이어서는 안 된다. 예를 들어 100만 원의 재정 지원을 원한다면, 그것의 이유가 '돈이 없어서'가 되어서는 안 된다. '나의 삶이 충분히 만족스럽지만, 더 큰 행복의 발판으로서 그 돈이 필요해'라고 마음으로부터 인정하고 있어야 한다.

또한 그대는 염원하는 존재가 아니라 스스로 선택하는 존재임을 기억하라. 마음의 간절함이나 애끓는 필요에 의해서가 아니라 팔다리를 사용하듯 자연스럽고도 단정적으로 그대의 삶을 선택해 나가는 것이다. 그대가 물질을 선택한다면 물질은 그대의 것이 될 것이다. 좋은 대인 관계를 원한다면 그 역시 그대의 것이 될 것이다. 그대는 당연하고도 자연스럽게 그대의 것을 얻을 것이다. 이와 같은 '선택의 마음 자세'는 기적을 현실로 만드는 '외부의도'가 활발하게 활동하게 한다.

강조하고 싶은 또 다른 하나는, 그대는 생각을 멈출 수 있어야 하며 그 멈춤을 통해 다급함이나 애달픔이 아닌 평온과 고요의 상태에서 삶을 창조해야 한다는 것이다. 시간의 마디를 이용할 때, 짧은 순간이라도 이 고요 속으로 들어갈 수 있어야 한다. 바로 그대의 내적 자아와 만나는 경험이다. 영적 선각자 중 한 사람인 에크하르트 톨레는 이것을 "지금 이 순간의 고요 속에 들어가 내적 평화와 합일하라"고 표현한다. 바로 그것이다. 내적 평화와 고요를 만나는 것은 창조 활동에 매우 중요한 부분이다. 이 점에 대해서는 다음 장에서 좀 더 자세하게 검토해 보자.

행복은 자연의 순리며, 우리는 행복하게 되어 있는 존재이다.
누구에게나 예외 없이 행복의 기회는 열려 있다. 형평성에 어긋남 없이,
원하는 사람이라면 누구나 창조의 과정을 통해 행복에 이를 수 있다.

4장
누구나 행복하게 되어 있다

행복은 자연의 순리

사람들은 살아가는 동안 왜 이렇게 행복하기가 힘든지 묻곤 한다. 그러면서 내적인 뿌듯함을 얻으려고 매순간 갈망한다. 그런데 조금 전 말한 대로 우리가 원하는 삶은 자아를 깨닫는 소박한 삶이지 마법사의 삶이 아니다. 생각해 보라. 마치 모든 것을 소유한 것처럼 보이는 연예인이나 기업인이 왜 자신의 삶을 포기하는 길을 택하곤 하는가? 이 지구별에서는 더 이상 가질 것이 없어서일까? 그게 아니라는 걸 그대는 이미 알고 있다.

그들이 안타까운 선택을 할 수밖에 없었던 것은 삶에서 자아를 발견할 수 없었기 때문이다. 이기기 힘든 자괴감이 그들을 괴롭혔고 사람들이 보는 자신의 모습과 실제 모습 사이에서 괴리

감을 느꼈던 것이다.

사람들은 돈이 스스로의 자존감을 높여 줄 거라 여긴다. 돈의 힘을 빌려 타인들 사이에서 자신의 상대적 의미가 높아지기를 기대한다. 물론 현실에서 돈이 없으면 궁색해지고 그렇게 되면 대인 관계나 여타의 요소들에 좋지 않은 영향을 미치기도 한다. 그렇더라도 우리가 도달할 수 있는 가장 상식적인 결론은 바로 이것이다. '사람은 인격체로서 행복해야 한다.' 이것은 자연의 순리다. 행복에 대한 서로 다른 척도를 가지고 있을 수는 있지만, 인간은 행복해야 하며 그 행복을 통해 자아를 느낄 수 있어야 한다.

창조자는 행복을 염두에 두었다

조물주의 존재를 믿는가? 나는 한 종교의 열렬한 신도였다. 하지만 종교라는 이름으로 행해지는 편협한 행동과 이해관계를 둘러싼 지나친 자기 합리화를 보면서 종교인이라고 불리는 게 싫어졌다. 물론 여전히 신앙이 있다는 건 참 좋은 일이라 믿고 있다. 신념은 삶을 의미 있게 해 준다. 나는 그것을 알고 있다.

종교에 실망한 나머지 나는 비록 잠시였지만 신은 존재하지 않을지도 모른다고 생각했다. 하지만 여러 가지 상황들을 지각력 있게 비교해 본 결과 조물주는 분명히 존재한다고 결론을 내리게 되었다. 또한 선지자들이 말하는 것처럼 신이라는 존재가 우주에 흐르는 전체 에너지든, 아니면 구체적인 사랑과 질투를 할 수 있는 우리와 비슷한 인격체이든, 그것도 아니라면 우리와는 다른 평행우주 가운데 존재하는 초월적인 인격체이든 관계없이 내가 내릴 수 있었던 합리적인 결론은 이 세상의 창조자는 자신의 피조물에 대해 '행복'을 염두에 두고 있었다는 사실이다. 그대에게 모성애와 인류애를 넣어 준 창조주라면, 그리고 행복을 추구해 가는 열정을 넣어 준 창조자라면, 그가 인류에 대해 염두에 두고 있었던 것은 행복이며 그 행복을 이루어 가는 가운데 기쁨을 발견할 수 있도록 했음에 틀림없다.

지금 종교적인 이야기를 하는 것이 아니다. 특정 종교의 교리를 말하는 것도 아니다. 원론적인 이야기를 하는 것이다. 무신론이 틀렸다고 생각하지는 않지만 무신론 역시 다른 각도에서 해석될 수도 있다고 생각한다. 어쨌든 내가 내린 결론은 '창조자는 행복을 염두에 두었다'는 사실이다. 그것은 자연스럽고 긍정적인 결론이다.

창조의 에너지와 파괴의 에너지

우리 주변의 모든 사물은 에너지로 이루어져 있다. 이 에너지는 설혹 물질이 다른 형태로 변화하더라도 언제까지나 사라지지 않고 존재한다. 물리학에서는 이것을 에너지 보존 법칙이라고 부른다. 양자역학을 연구하는 과학자들이나 인간의 잠재력을 연구하는 사람들은 생각 자체에도 에너지가 있다고 여긴다.

물질도 에너지로 되어 있고 생각도 에너지로 되어 있다면, 그중 어떤 에너지가 주파수가 비슷한 다른 에너지에 영향을 주어 일종의 공명을 일으키는 것도 가능한 얘기가 된다. 이것은 이론에 불과한 얘기가 아니다. 일상에서의 경험이 이를 증명한다. 우리는 누군가가 곁에 있을 때 특별한 이유 없이도 그 사람의 유쾌한 활력에 매료될 때가 있다. 때로는 한 사람 때문에 전체의 분위기가 달라지기도 한다. 유아원에서 한 아이의 울음은 곧장 같은 방에서 놀고 있는 다른 아이들에게 전염된다. 이 같은 감정적 공명은 아이들뿐 아니라 같은 공간을 공유하고 있는 성인들에게도 나타난다.

이러한 에너지 공명 현상은 절대로 싱겁게 볼 성질의 것이 아니다. 동양의 주역도 이 원리에서 비롯되었다. 주변의 것들을 통해서 본질적인 것을 이해할 수 있다는 원리다. 주역에는 다음과 같은 유명한 문장이 나온다. "풀 한 포기를 뽑으면 주변의 동일한 부류의 다른 풀들이 뽑히게 된다." 나를 통해서 주변을 알게 되고 주변을 통해서 나를 이해하게 된다는 이치를 말하는 것이다. 동양 특유의 에너지 공명 철학이 담겨 있음을 볼 수 있다.

우리 스스로가 풍요에 대한 생각을 품고서 이미 모두 가지고 있다고 생각하면, 주변 상황이 이에 공명하는 것은 당연하다. 많은 자기계발서에서 긍정적으로 생각하라고 강조하는 것도, 성공하고 싶으면 성공한 자신을 상상하라는 것도 이와 같은 개념이다. 그렇다면 무언가를 창조하는 에너지 이면에 있는 감정 요소는 무엇인지 알아보자.

창조를 일으키는 감정 요소의 기본은 사랑이다. 표면적인 사랑이나 보여 주기 위한 사랑이 아니라, 타인과 다른 것들에 대한 일체성을 영혼 깊이 느끼는 사랑이 있을 때 활발하게 창조의 기적이 일어난다.

수행과 명상을 하는 사람들은 주변의 사물(특히 자연)이 말할 수 없는 고요와 평온 속에서 나와 공명하고 일체화되는 것을 느끼는 시점이 있다고 말한다. 세상이 정지된 것 같은 고요 속에서, 나의 눈과 마주치는 나뭇잎과 풀잎 하나하나의 섬세함이 나의 시야와 가슴 깊은 곳으로 빨려들어 오는 것이다. 물론 반드시 이런 경험이 필요한 것은 아니다. 나 아닌 다른 것과 일체를 이루는 사랑의 특성은 '창조의 에너지'를 만들어 낸다는 사실을 기억하면 된다. 광범위한 개념에서 사랑의 범주에 속하는 다른 특성들 역시 나름의 창조성을 지니고 있다. 자비, 일체성, 용서, 감사 등의 특성들 말이다. 빛으로 채워진 이와 같은 특성들은 사람을 살아 있게 하며 기동하게 한다. 인류의 오랜 경전에서도 신은 사랑이라고 표현하고 있는데 같은 맥락에서이다.

반면 세상에는 파괴의 에너지도 존재한다. 파괴의 에너지 또한 특정 결과를 만들어 낸다는 점에서는 무언가를 창조한다고 할 수 있다. 하지만 이는 부정적이고 불행한 결과로 이어진다.

파괴의 에너지로 불리는 감정 요소는 '두려움'이다. 부자연스럽고 부정적인 특성들은 바로 두려움을 통해 나온다. 우울함, 거만, 중독, 폭력 같은 것들의 저변에는 두려움이라는 감정 요소가 함께하고 있다.

사랑이 일체성과 합일을 가져온다면, 두려움은 그 반대이다. 두려움은 '분리'를 가져온다. 이것은 언어적 차원이 아니다. 세상에 존재하는 모든 것이 실제로 하나로 연결되어 있다고 여기는 것과 모든 것들은 제각각 존재한다고 여기는 것은 삶을 창조하는 데 있어서 엄청난 차이를 가져온다. 이것은 진실이다. 일체의 의미를 내면 깊이 깨닫지 못한다면 창조의 기적을 이루기 어렵다.

세상 모든 것이 각각 아무 연관 없이 따로 떨어져 있는 개별 존재라면 그대가 아무 상관도 없는 주변 상황에 어떻게 변화를 준단 말인가? 분리가 기정사실인데 생각을 조정하고 감정 컨트롤을 트레이닝 한들 다른 사물에 어떤 영향을 줄 수 있겠는가?

그런데 모든 것들이 에너지로 이루어져 있으며 이 에너지가 본질적으로 일체화되어 있고 연결되어 있다면 얘기가 달라진다. 하나의 물방울이 거대한 호수에 만든 파문은 그 자리에 머물지 않고 점점 더 큰 동그라미를 그리며 호수 먼 곳까지 도달한다. 우리는 우리의 의미를 에너지로 이루어진 이 세상에 인상적인 방법으로 남길 수 있으며, 우리 자신의 행복 역시 만들 수 있는 것이다.

창조는 행복으로 이어진다

확실히 창조는 긍정적 에너지의 열매이다. 만약 긍정적 에너지로 그대의 영혼을 충만하게 한다면 그대는 그 무엇도 두려워하지 않을 것이다. 창조를 일으키는 가장 강력한 감정 요소는 사랑, 그리고 고요와 평온이다. 그대가 이러한 감정 사이클에 그대의 주파수를 정확하게 맞출 수 있다면 원하는 모든 것을 창조해 낼 수 있다.

한편, 고요와 평온에 도달할 수 있는 가장 좋은 방법은 생각을 멈추고 내면으로 들어가 자신의 내적 자아와 만나는 것이다. 앞서 살펴본 시간의 마디를 이용하여 매일 짧은 순간이라도 고요와 평온을 맛보는 것이 창조 과정에 있어 중요한 요소임을 잊지 않아야 한다.

창조가 주는 궁극의 선물은 행복이다. 물질로만 채워진 것이 아닌 육체적, 감정적, 지적, 정신적 그리고 영적 행복을 경험하게 된다. 삶에서 이러한 조화를 경험하는 것, 그것은 그대가 이곳 지구별에 온 이유이며 동시에 기적이다.

나는 지금 사람으로서 이 땅에서 살아가는 동안 누리기를 원하고 반드시 누려야 하는 궁극의 목적에 대해 말하고 있다. 만약 사람이 나름의 방법으로 행복을 추구하지 않는다면 무엇으로 삶의 의미를 찾을 것인가? 무엇으로 내적인 자아를 찾아갈 것인가? 무엇으로 깨달음의 큰 뜻을 품을 것인가? 행복의 추구는 자연스러운 일이다.

행복의 확률이 불행의 확률보다 높다

대개 성공 확률보다 실패 확률이 높다는 말을 자주 듣는다. 실제로 사람들은 많은 좌절을 경험하면서 산다. 쓰라린 고통과 고배를 맛보기도 한다. 사는 것이 뜻대로 되지 않는다고 한탄하기도 한다. 무엇이 잘못된 것인가? 욕망이 과도한 것인가? 아니면 흔히 말하듯 세상 돌아가는 이치가 좋은 날보다 나쁜 날이 더 많은 것인가?

  나는 확신한다. 우리가 보다 근원적인 깨달음을 얻는다면 우리 모두는 분명 행복해질 수 있다. 이것은 의식의 전환으로, 모든 것을 체념한 채 현재 있는 것에 만족하며 살게 된다는 의미가 아니다. 우리가 지구별에 온 이유인 일체성의 회복과 내적 자아의 깨달음이 이루어진다면 반드시 행복해질 수 있고 행복을 만들어 갈 수 있다는 것이다.

  오늘날 사람들은 대개 일체성보다 분리에 더 많은 관심을 기울인다. 그리고 다름을 틀림으로 규정하기를 좋아한다. 다양성을 포괄적으로 허용하는 사회를 찾아보기란 쉽지 않다. 일반적으로 성공보다 실패 확률이 더 높다고 생각하는 이유도 바로 이 같은 분리 사고에 익숙해져 있기 때문이다.

  세상에는 많은 종교가 존재한다. 어떤 종교는 자신들만이 신에게로 가는 유일한 통로라고 주장한다. 그렇다면 태어나서 죽을 때까지 한 번도 그 종교를 접해 볼 수 없는 여타의 지구인들은 어쩌란 말인가? 종교 자체를 비판하려는 것은 아니다. 앞서 말한 대로 종교를 가지고 있다는 것은 좋은 일이며, 가치관과 신념은 사람을 아름답게 한다. 나 역시 신의 존재를 믿는다. 나만 구원과 신에게로 돌아가는 특권은 특정한 경전과 교단의 이해관계와는 무관하다는 것이다. 그것이 자연스럽고 논리적이다.

  신은 궁극적으로 인간의 행복을 원한다. 신은 모든 인간에게 예외 없이, 형평성에 어긋남 없이 깨달음과 행복으로 가는 길을 열어 놓았다. 특정인들만 접할 수 있는 경전과 기도로 그 근원을 한정했다고 한다면 그것은 위대한 품성을 가진 신을 격하하는 것이다. 이는 지극히 자연스런 추론이다. 티베트의 인적 드문 마을에 사는 이들에게도, 아마존 밀림 속에서 문명세계와는 별도로 살아가는 사람들에게도, 종교의 자유가 한정된 국가에 사는 사람들에게도 행복과 깨달음, 구원의 기회는 동일한 것이어야 한다.

그렇다면 그 기회를 가능하게 하는, 인류 모두에게 적용되는 '그 무엇'은 과연 어떤 것인가? 나는 그것이 내면적 자아의 고요와 평온의 발견이라고 생각한다. 우리는 이를 통해 내적 만족을 얻을 수 있고, 깨달음의 길로 나아갈 수 있다. 물론, 고요와 평온 외에 사랑이라는 요소는 기본적으로 추구하고 발견해 나가야 할 특성이다. 바로 이것이 우리의 일체성과 연계성을 깨닫게 하는 특성이며 우리는 서로가 가진 일체성을 통해 이 세상에 긍정적이고도 아름다운 파문을 만들어 갈 수 있다.

그대의 현재 목적은 행복 창조에 있음을 기억하라. 그리고 누구에게나 예외 없이 행복의 기회는 열려 있다. 형평성에 어긋남 없이, 원하는 사람이라면 누구나 창조의 과정을 체험할 수 있다. 행복의 확률은 불행의 확률보다 높다.

두려움은 중독성이 있고 불필요한 죄책감을 갖게 한다. 두려움은
파괴와 분리의 에너지다. 도구로서의 생각을 조절할 수 있어야 하는
이유는, 생각을 멈추고 내면의 고요와 평온을 맛보는 순간
두려움이 그 설 자리를 잃게 되기 때문이다.

5장
성취와 행복을 방해하는 요소

두려움과 중독

우리는 삶의 기적을 원한다. 그 기적이 극적인 기쁨과 행복을 가져다주기를 희망한다. 그런데 기적은 긍정으로만 흐르지 않는다는 사실을 기억해야 한다. 기적은 부정으로 향할 수도 있고 부정적인 결과로서 기적이 생길 수도 있다. 우리는 일상에서 그 부정의 기적을 어렵지 않게 목격할 수 있다.

살아오면서 찰나의 순간이었더라도 자신에게 강렬하게 다가왔던 감정적 요소가 있었다면 떠올려 보라. 그건 대개 공포의 형태를 띠고 있을 것이다. 공포만큼 절대적 느낌을 주는 것은 없다고 한다. 그 공포는 두려움이다. 파괴의 에너지다. 이 공포가 지속될 때, 파괴와 분리라는 일꾼이 기적을 만들 채비를 한다. 우리가 도구로서의 생각을 조절할 수 있어야 하는 이유가 바로 여기에 있다. 생각을 멈추어 고요와 평온 속에 머무를 수 있어야 하는 것이다.

그대는 하루에도 수없이 많은 걱정과 염려에 휩싸인다. 이 같은 불안감을 불러일으키는 현실을 직시하고 염두에 둘 필요는 있다. 하지만 매사를 걱정하고 염려하는 것과 있을 수 있는 일을 염두에 두는 것 사이에는 차이가 있다. 한 연구 조사에 의하면 사람이 염려하는 것 가운데 98퍼센트 이상은 실제로 일어나지 않거나, 또는 일어난다고 해도 어쩔 수 없는 불가항력적인 것이라고 한다.

어떤 사람은 새로 산 냉장고가 폭발할지도 모른다는 염려를 한다고 한다. 이런 일이 일어날 수 있을까? 물론 일어날 수도 있다. 하지만 그 가능성이 지극히 희박하다. 또한 언제 그 일이 일어날지 알 수 없을뿐더러 설사 일어난다 해도 자신이 어찌할 도리가 없다. 냉장고 없이 살아가기로 결정하지 않는 한. 걱정을 해도 또는 안 해도 바뀔 게 없다면 굳이 염려할 이유가 없다. 염려는 두려움이라는 파괴 에너지의 또 다른 이름이라 할 수 있다.

두려움은 허상이다. 그런데도 사람을 단단히 옭죄는 에너지의 제왕이자 허풍덩어리다. 또한 두려움은 중독성이 있다. 무서웠던 기억이나 공포스런 장면은 쉽게 가시질 않고 머릿속에 잔상으로 남아 지속적인 고통을 준다.

두려움이 새끼를 쳐 만들어 낸 우울증 역시 중독성이 있다. 이런 종류의 감정이 중독성이 강한 이유는 신경계에서 분비되는 호르몬 때문이다. 모든 감정 요소에는 신체 호르몬의 분비가 동반되는데, 그 종류 또한 엄청나다. 호르몬과 유사한 신경 자극 물질을 인간 스스로 신체에 주입하기도 하는데 그것이 바로 마약이다. 마약과 마찬가지로 모든 호르몬에는 중독성이 있다. 사람이 지속적인 취미 생활을 유지해 나가고, 한 사람에게 맹신적인 애정을 보이는 것도 호르몬의 중독성과 관련이 있다. 생물학적 존재이기도 한 인간이기에 이것은 엄연한 사실이다. 마찬가지로 우리가 호르몬 분비를 스스로 잘 조절해 나갈 수 있다면 삶의 많은 부분이 바뀌게 된다. 신체 건강에도 영향을 줄 수 있다. 우리가 이것을 조절해 나갈 수 있는 이유는 인간이 생물학적 존재일 뿐만 아니라 영적인 존재이기 때문이다. 방법을 익히기만 하면 되는 것이다.

기적이 긍정으로만 흐르지 않는다는 사실은 시사하는 점이 크다. 스스로의 생각을 컨트롤할 수 없다면 우리는 악마의 기적 안에서만 살게 될지도 모른다. 중독성에 휘둘려 제자리를 맴도는 삶을 살게 될 수도 있다.

4라는 숫자에 얽힌 의식의 힘

성공 법칙을 다루고 있는 책들에서 소개하는 '끌어당김의 법칙'에 대해 들어 본 적이 있을 것이다. 이것은 앞에서 살펴본, 에너지는 주파수가 비슷한 다른 에너지와 공명한다는 내용과 비슷한 개념이다. 끌어당김의 법칙은 실제로 존재한다. 사람의 고정관념이 어떤 것을 끌어당기는지는 주변에서 쉽게 접해 볼 수 있다. 예를 들어 보자.

사람의 감정 요소 중에서 가장 인상적인 잔상을 남기는 것이 있다면 공포심이다. 공포 가운데서도 보이지 않는 것에 대한 두려움과 고정관념이 만나면 강력한 의식 에너지의 회오리가 일어난다. 말하자면 다음과 같은 경우이다. 한국 사람들은 4라는 숫자에 대한 심리적 거부감을 가지고 있다. 어떤 빌딩의 경우 4층이라고 표기하는 대신 특정 알파벳을 사용하기도 한다. 미신을 믿지 않는다고 하는 사람들도 이 숫자에 대한 내면적 찜찜함은 버리지 못한다. 4라는 숫자에 대한 무의식적 잔재를 가지고 있는 것이다. 이 숫자에 대한 찜찜함을 의식적으로 또는 습관적으로 떠올리는 사람 중 하나가 바로 나였다. 이 글을 읽는 분 중 누군가는 나와 비슷한 경험을 해 보았는지도 모르겠다.

나는 아주 어려서부터 독실한 그리스도인 집안에서 자랐다. 미신이라면 치를 떨게 싫어했으며, 빨간 글씨로 자신의 이름을 쓰는 것이나 4라는 숫자가 불운을 가져온다는 생각은 순전히 거짓이라고 교육받아 왔다. 친구들에게도, 자기 이름을 새긴 도장에 묻혀 찍는 인주는 죄다 빨간색 아니냐며 미신은 다 엉터리라고 강조하곤 했다.

그랬던 내가 어느 때부터인가 4라는 숫자에 대한 눈치를 보기 시작했다. 이렇게 된 데는 일정한 계기가 있었다. 언젠가 새벽에 잠에서 깼는데, 새벽 4시였다. 속으로 생각했다. '우연히 정각 4시에 일어났군. 그런데 왜 하필 4시지?' 그날 오후에 운전을 하면서 신호 대기 시간에 우연히 자동차에 달린 디지털시계를 보았는데, 4시였다. 물론 우연한 일이었다. 그 이후, 미신을 믿지 않던 나에게도 약간 심란한 생각이 엄습해 왔다. 그때부터 나는 자꾸만 숫자를 의식하게 되었다. 내가 확인하는 시간들, 우연히 접하게 되는 숫자들에서도 혹시나 4라는 숫자가 튀어나오는지 주의를 기울이기 시작했다. 그런데 이런! 의식적 주시를 시작하게 된 그때부터 나는 4라는 숫자에 둘러싸이게 되었다. 단언하건대, 이전의 4라는 숫자가 우연히 눈에 보였던 것이라면 이후의 4는 내가 끌어들인 것이었다.

밤에 자다가 벌떡 일어나서 시계를 쳐다보았는데 그 시각이 4시 44분 44초였다. 냉동실에 있는 만두 봉지에서 만두 몇 개를 꺼내 끓고 있는 라면에 집어넣었는데 그 개수가 4개였다. 운전을 하면서 의식적으로 본 시계의 숫자 역시 4시 44분이었다. 이럴 수가! 우연히 펼친 책의 쪽수에서부터 우연히 손으로 잡은 종이의 장 수까지 모든 것이 4와 관련되어 있었다. 심지어 인터넷 카페에 들어가 보면 나는 매일 44번째 방문자였다. 그때 느꼈을 나의 당황스러움을 이해할 수 있는가?

이제는 그런 현상이 없어졌지만, 그때를 떠올리면 사람의 생각에는 힘이 있다는 것을 인정하지 않을 수 없다. 무의식적인 공포나 두려움은 강력해서 본인이 인정하지 않는다고 여기더라도 자신의 삶에 영향을 줄 수 있다. 나에게는 매우 인상적인 경험이었다. 내가 말하고 싶은 것은, 마음으로부터 강력하게 믿거나 암시하는 것에는 그것이 부정적인 것이든 긍정적인 것이든 예외 없이 끌어당김의 법칙이 적용된다는 사실이다.

잘못된 믿음의 결과

혹시 〈스켈리톤 키〉라는 영화를 본 적이 있는가? 미신을 믿지 않는다고 단언하는 매력적인 주인공 여자가 결국은 미신에 대한 무의식적 두려움과 관념 때문에 나이든 노파와 육체가 바뀌게 되는 이야기다. 극단적인 설정이기는 하지만 그 내용은 많은 것을 시사한다.

그대는 믿음을 무엇이라 생각하는가? 그대의 생각이 원하지 않는 것과 그대가 믿지 않는 것은 동일한 것이라고 정직하게 말할 수 있는가? 다시 말해, '나는 끔찍한 일을 겪기를 원하지 않아'라고 생각하는 것이 끔찍한 일을 겪지 않을 것이라는 믿음과 동일한 것이라고 할 수 있는가? 섣불리 대답하기 어려울 것이다. 우리는 자신의 영혼이 무의식적으로 따르고 있는 믿음과 믿지 않는다고 생각하는 것 사이의 균열을 판가름하기 어렵다. '그런 끔찍한 일은 나에게는 발생하지 않을 거야'라고 말하더라도 무의식은 그 일에 대한 공포를 느끼면서 그런 일이 발생할 수 있다는 가능성에 대한 믿음을 부추기고 있는지도 모른다.

여기에 딜레마가 있다. 믿지 않는다고 말하지만 내면을 괴롭히고 있는 공포에 대한 믿음의 잔재를 쉽게 가늠할 수도, 제거할 수도 없다. 과연 믿는다는 것과 믿지 않는다는 것 사이에는 어떤 차이가 있는 것일까? 자를 대고 자르듯 우리가 그 구획을 정할 수는 없는 것일까? 구획을 정할 수 있다 해도 문제가 끝나지는 않는다. 내면에서 자꾸만 고개를 드는 두려움의 잔재를 막을 길이 없다. 희망은 없는 것일까?

그렇지 않다. 우리는 굳이 믿음과 믿지 않음의 심리적이면서 내면적인 구획을 따지지 않아도 된다. 그런 생각을 다른 생각으로 돌리려고 저항하지 않아도 된다. 그리고 내면의 고민과 싸우느라 에너지를 탕진하지 않아도 된다. 방법이 뭐냐고? 이미 그대는 알고 있다. 앞에서 함께 이야기도 나누었다. 저항하지 않으면서 '생각의 멈춤'을 이루면 된다.

이 말이 아이러니하게 느껴질지 모른다. 멈추기 위해서는 저항해야 하는 것 아닌가? 자동차를 멈추기 위해서도 브레이크가 필요한데, 저항하지 않으면서 생각을 멈춘다는 것은 말이 되지 않는 것 아닌가? 그렇지 않다. 생각은 저항하면 할수록 그 물결이 더 거세게 밀려든다. 내면의 생각들과 싸우는 것은 자신에게 아무런 도움이 되지 않는다. 설령 생각과 싸워 이긴다 해도 상당량의 에너지를 소진하게 된다.

앞에서 언급한 대로, 생각의 흐름을 멈추는 것은 '언어적 정형성이 배제된 상위자아의 관찰자적 시점'을 가지는 것으로 가능해진다. 마음에 끓어오르는 분노가 창일할 때, 염려나 근심이 알 수 없는 방향으로 자신의 감정을 흔들어 놓을 때, 그런 느낌이 드는 자신을 단지 내면의 눈으로 응시하고 주시하라. 그러면, 두려움 같은 것들은 점차 그러나 빠른 속도로 자취를 감춘다. 마치 그런 감정이 별도의 감정을 가지고 있는 것인 양 부끄럽고 겁먹은 모습으로 사라져 버린다. 이처럼 생각을 멈추고 내면의 고요와 평온 속으로 들어감으로써 두려움은 그 설 자리를 잃게 된다.

특정 숫자나 대상에 대한 미신적 두려움은 실제로는 존재하는 것이 아닌, 빈껍데기 같은 내면의 부정적 암시다. 미신은 그 자체만으로는 부정적 영향을 주지 않는다. 다만 내면 깊숙한 곳에서 발현되는 두려움에 대한 믿음과 결합하여 좋지 않은 결과를 유도하는 것이다. 한번 돌이켜 보라. 한국에서 나타나는 귀신은 왜 항상 머리를 풀어헤친 소복 차림의 창백한 얼굴인가? 서양에서 나타나는 귀신은 왜 그런 모습이 아닌가?

　사람들이 말하는 '아스트랄체(동양학에서 보통 인간을 영, 혼, 육으로 이루어져 있다고 하는데, '혼'에 해당하는 서양학적 용어이다)'의 존재에 대해 부정하지는 않는다. 하지만 우리의 고정관념 속의 두려움은 자신의 사고방식과 주변의 문화 양식에 의해 만들어진 잘못된 믿음일 뿐이다. 결국 실체 자체가 악영향을 끼치는 것이 아니라 두려움으로 실체를 규정짓는 내면의 파괴 에너지가 악영향을 끼치는 것이다.

관념의 포로가 가진 딜레마

우리는 지구별에 살면서 많은 테두리 안에 존재한다. 대표적인 테두리는 국가, 종교 같은 것들이다. 이 외에도 특정 동아리나 모임, 학교, 회사 등 많은 것들이 우리의 자리를 규정짓는다. 이런 테두리 안에서 우리는 가끔 자신의 정상적 자아가 심하게 왜곡되고 일그러지는 모습을 보게 된다. 설상가상으로 자신의 자아가 흉하게 왜곡되었다는 사실조차도 깨닫지 못하게 된다. 몇

몇 강한 정신력을 가진 사람들만이 나중에 가서 정신을 차리고 참된 위치와 모습을 찾으려 노력한다. 구체적으로 언급해 보면 이런 것들을 두고 하는 말이다.

한때 인터넷을 달구던 사진 몇 장이 있다. 이슬람 문화권에서 있었던 일을 찍은 사진인데, 빵을 훔쳤다는 이유로 붙잡힌 한 어린 소년의 팔을 트럭 바퀴로 뭉개서 부러뜨리는 것이었다. 아무도 그 모습을 제지하지 않았다. 그냥 당연하다는 듯 주변의 무리는 그 모습을 관망하고 있었다. 무엇이 이 같은 잔인함을 정상으로 간주하게 하였는가? 그들에게 내재해 있는 종교적 관념이 그렇게 하였다.

잘 알려진 어느 종교의 경우, 성직자의 자녀가 결혼하는 사람이 같은 종교의 신자가 아니면 그 아버지는 성직자로서의 직분을 박탈당한다. 아버지가 그 딸의 결혼식에 참석하는 것조차 용인되지 않는다. 그 꼬리표가 평생 따라다니며 가족을 괴롭힌다. 또한 종교 구성원이 해당 종교 내부의 문제점에 비판을 제기하면 즉각적으로 그 사람을 제명 조치한다. 그리고 영구적으로 다른 구성원들과의 모든 교제를 금지한다. 행여 다른 구성원이 그 사람을 아는 체하는 날에는 똑같은 결과를 받아야 한다. 그런데 진짜 문제는 이 종교의 구성원들은 누구 하나 예외 없이 이것을 당연하게 받아들인다는 거다. 제명된 사람의 결혼식이나 심지어 그의 장례식에도 그 가족과 벗들은 참석하지 않는다.

무엇이 그들의 자아를 이토록 잔인하게 일그러뜨려 놓았는가? 역시 그들을 둘러싸고 있는 것은 내면을 지배하는 관념이다. 인류가 역사를 거듭해 오면서 인류적 사랑의 기틀을 발전시켜 온 것도 사실이지만, 다른 한편으로 무수히 많은 관념의 희생자들을 만들어 낸 것도 사실이다. 중세의 마녀 사냥이나 현대의 소위 사상범, 양심수 들을 살펴보면 다수의 관념적 에너지가 얼마나 파괴적이고 반인류적인지 실감하게 된다.

이러한 다수의 관념 에너지 저변에는 무엇이 깔려 있는가? 그것은 두려움이다. 그들을 자애롭게 보살펴 준다는 그들의 신이, 그들의 삶을 지지해 준다는 사상적 테두리가 두려움의 대상이 되어 버리는 것이다. 자신들의 내면적 공동체에서 내쳐지고 격리되는 것에 대한 두려움은 상상을 초월한다. 이런 테두리에서는 다름을 다름으로 보는 것이 아니라 틀림으로 규정하기 때문에 그 구성원들은 인간 본연의 도덕성을 꺾으면서까지 자신의 자리를 지키려 한다. 그리고 그것을 당연하게 생각한다. 어찌된 일인지 일정 테두리 내의 구성원들 모두가 특정 부면에 대해서는 정신질환자로 돌변하고 마는 것이다.

정상적인 사람이 일정 수준의 집단 시념 에너지(여러 사람의 생각이 뭉침으로써 생기는 역동적인 에너지)에 의해 관념의 포로가 되어 버리는 것은 순식간이다. 그들은 끊임없이 자신을 정당화한다. 입으로 사랑을 말하면서 일정 수준의 사랑의 행위를 한다 해도 결국 그들을 묶어 주고 결속시키는 것은 두려움이다. 모든 것은 두려움이라는 파괴 에너지의 산물이다.

두려움과 죄책감이 가진 마력

사람에게는 날 때부터 신이 넣어 준 도덕적 감각이 있다. 또한 누구에게나 인륜이 존재한다. 무엇보다 인류의 선각자들이 지구별에 다녀가면서 남긴 사랑과 일체성의 가르침들을 따라가 보면, 무엇이 진정한 순수 자아가 추구하는 사랑인지 명백해진다. 인간은 이를 따르면 된다. 모든 인간은 고귀한 존재이다. 이것을 기억하고 자신의 영혼이 이를 인정하도록 한다면 세상은 고통에 찌들지 않을 것이다.

하지만 인류는 자신이 가진 창조성과 사랑, 그리고 일체성을 가리는 데 익숙해 있다. 그에 대해 알려고도 하지 않으며 어떤 것들은 서서히 잊혀 왔다. 사실 인간은 일체성에 대한 정확한 이해와 자각만 있더라도 어떤 범죄도 저지를 수 없다. 다른 모습을 하고 있는, 나와 연결된 또 다른 나에게 어찌 내가 해코지를 할 수 있겠는가? 어떻게 나와 연결된 또 다른 나의 행복을 깨뜨리는 일을 시도할 수 있겠는가?

신에 대한 절대적 사랑이라는 미명 아래, 사람들의 내면에 존재하는 일체성과 자아, 놀랄 만한 창조성을 잊게 만드는 도구는 바로 두려움과 죄책감이다. 미명을 앞세우는 이들이 말하는 것은 사람은 날 때부터 죄인이라는 것이다. 그것이 사실인가? 자신이 알지도 못하고 이유도 정확하지 않은데 그냥 사람은 날 때부터 죄책감을 가지고 살아야 하는 것이다. 인간에게 내재해 있는 신성을 일깨워 줘도 부족한 판에 무작정 사람은 죄인이라는 명제를 그들은 각인시키고 있다. 그 결과 일체성과 내면의 신성을 거부함으로써 인간은 관념상 분리된 존재가 되었고 실제로 죄인이 되었다. 신으로부터 벌 받을지 모른다는 두려움은 끊임없는 자기 합리화를 만들었다. 완고한 법체계 내에서 그래도 벌을 면하고 구원 받으려면 자기 합리화를 해야 하기 때문이다. 또한 그런 움츠러든 생각은 인간 내면의 깊은 곳까지 흔들어 죄책감이라는 아들을 낳았다. 죄책감의 뿌리는 두려움인 것이다. 두려움은 파괴와 분리의 에너지다. 이것으로는 어떤 경우에도 창조와 기적을 만들 수 없다.

올바른 도덕성과 창조

내면에 죄책감이 없다고 해서 도덕성이 없는 것은 결코 아니다. 우주의 일체성에 순응하는 사람은 일체성의 일부인 타인의 행복을 침해하는 일이라면 어떤 일이건 거부한다. 이것은 누구나 가지고 있는 양심의 법이며 신이 인간에게 부여한 순리적 걸음이다.

자신의 삶을 창조해 나가는 이들은 일체성에 역행하는 부도덕한 행위를 하지 않는다. 그렇게 할 수 없다. 왜냐하면 타인의 행복을 침해하는 행위를 하는 것은 그들에게 있어 사랑에 기반한 일체성의 표방이 아니라 분리의 표방이며 순리를 거스르는 행동이기 때문이다.

만일 아버지로서 도덕적이지 않은 행실을 한다면 그것은 아들이나 딸, 나아가 아내의 행복권까지 침해하는 것이다. 이 시점에서 단언할 수 있는 것은 올바른 도덕성을 가지지 않은 사람에게는 행복으로 이어지는 창조는 일어나지 않는다는 사실이다. 그래서 인륜을 저버리는 사람들에게는 거의 예외 없이 더 이상의 긍정적 창조의 기적이 일어나지 않는다. 오히려 그들이 가진 내면의 개운치 않은 느낌과 두려움으로 인해서 파괴 현상이 일어난다. 두려움은 파괴의 영을 가지고 있다.

육체를 자신의 본질이라 할 수 있는가? 눈에 보이는 것이 전부가 아니다.
우리는 에너지로 이루어진 영적인 존재이며 선택권을 가진 한 인격체이다.
우리는 이미 창조의 에너지에 둘러싸여 있으며, 나누는 행동과 감사의
마음을 통해 내면의 주파수를 창조의 방향으로 맞출 수 있다.

6장
눈에 보이는 것이 전부가 아니다

양자역학 이야기

적지 않은 사람들이 양자역학의 신비에 매료되기 시작한 것은 비교적 최근의 일이다. 양자역학 연구는 우리의 삶을 송두리째 바꾸어 놓았다. 이것으로 인해 고전 물리학이 지배하는 우주론을 재고할 수 있게 되었고 문명사회는 또 다른 비약적인 과학 발전의 지표를 세우게 되었다.

최근에 양자물리학 실험을 통해 밝혀낸 놀라운 사실이 있다. 그것은 물질의 최소 단위 입자가 관찰자의 유무에 따라 파동으로서의 전이 현상을 나타내기도 하고 나타내지 않기도 한다는 것이다. 이 사실은 학자들을 매우 당황하게 하였다. 관찰자가 있고 없는 것을 입자가 어찌 알고 마치 판단 능력이 있는 것처럼 그런 식의 전이적 양상을 띤다는 말인가?

좀 더 자세히 이야기하면 이렇다. 물질의 최소 단위는 원자이다. 이 원자는 전자와 원자핵으로 이루어져 있다. 전자와 원자핵의 배열이 어떤 식이냐에 따라 물질은 금이 될 수도 있고 은이 될 수도 있다. 이들을 다시 분리하면 일종의 파동(에너지)이 되어 버린다.

물질의 최소 단위인 원자는 그야말로 물질을 아주 작게 분리한 입자이다. 이것 역시 물질이다. 이것에 일정한 힘을 가하여 개별 원자들이 튕겨 나가게 하면 당연히 물리법칙의 지배를 받아 계산 가능한 움직임을 보이게 되어 있다. 하지만 더 이상 물질이 아닌 에너지나 파동은 물질과는 다른 움직임을 보인다. 동심원을 그리듯 점진적 잔상을 나타내며 외부로 퍼져 나가는 것이다. 마치 방송국의 전파와도 같이 말이다.

어느 날 과학자들이 일정 방향으로 날아가는 개별 원자의 움직임을 알아보기 위해 실험을 하였는데, 놀랍게도 필터 형식의 장애물을 거쳐서 날아가는 원자가 반대편에 있는 실험실 벽에 에너지와 동일한 파동형 잔상을 남기는 것이었다. 원인을 연구해 보니, 필터 형식의 장애물을 지나치면서 물질의 입자인 원자가 에너지로 전이되었음을 알 수 있었다.

그런데 정말 놀라운 일은 이제부터였다. 학자들은 물질이 순간적으로 에너지로 전이되는 것을 관찰하기 위해 필터 형식의 장애물 근처에 측정 장치를 설치했다. 그런데 그렇게 실험을 하자 물질의 에너지 전이가 일어나지 않는 것이었다. 반대편에 남게 되는 잔상 역시 파동 형식이 아니라 일반적인 물질이 보이는 것이었다. 실험을 반복했지만 그때마다 동일한 결과가 나왔다. 실험 결과는 학자들을 흥분하게 했다.

개별 원자들이 마치 측정 장치라는 관찰자를 의식이라도 하듯 서로 다른 움직임을 보이는 것을 도대체 어떻게 설명할 수 있을 것인가? 각각의 원자들은 어떻게 관찰자의 존재를 알아보았던 것일까? 학자들의 주의는 이제 물질 자체의 운동성이 아닌 모든 물질이 가지고 있는 특성과 사람의 정신적 의도성 사이의 관계에 맞춰졌다.

양자역학이 밝혀낸 이 같은 실험 결과는 많은 것을 시사한다. 앞에서 언급했던, 기적 창조에 필요한 '관찰자적 시점'에 대해 기억하는가? 우리는 현대 과학이 정신과 물질 사이의 연계성 사이에서 밝혀낸 적지 않은 결과에 찬사를 보낸다. 아직 밝혀낸 것보다 밝혀내야 할 것이 많다고는 하지만 이제까지의 사실들을 종합하여 내릴 수 있는 결론이 있다. 그것은, 인간의 마음은 에너지로 이루어져 있으며 물질세계에 분명하고도 인상적인 방법으로 영향을 줄 수 있다는 것이다.

나라는 존재가 지닌 에너지

이제까지 우리가 살펴본 점들은 우리 자신의 자아에 대해 많은 것을 생각하게 한다. 이 우주에서 과연 나라는 존재는 무엇일까? 무엇을 위해 이곳에 왔으며 앞으로 가야 할 바는 무엇인가? 이런 질문 앞에 우리는 잠시 숙연해진다. 변할 수 없는 분명한 사실은 우리 모두는 행복해야 한다는 것이다.

우리 몸은 여러 장기와 팔, 다리 등으로 이루어져 있다. 우리는 이들을 가리켜 '내 팔', '내 다리'라고 표현하지만 그것이 나 자신의 본질이라고 생각하지는 않는다. 신체 부분 중 일부가 떨어져 나간다 해도 내 본질의 일부가 삭제된 것은 아니다. 우리의 본질적 가치는 변하지 않는다.

우리가 육체로서 소유하고 있는 것을 이런 식으로 떠올리게 될 때, 자연스레 도달하는 결론이 있다. 그것은 우리가 단지 육체적이거나 물질적인 것 이상의 의미를 지닌 존재라는 사실이다. 우리 자신은 에너지로 이루어진 영적인 존재이며 매우 독특한 '의식을 가진 에너지의 합일체'이다. 자신의 여정을 선택할 수 있는 '인격체로서의 에너지'인 것이다. 우주 전체를 놓고 보았을 때 이토록 특별하고도 아름다운 주체성을 가진 에너지를 찾아볼 수 있을 것인가? 그대는 참으로 특별한 존재이다. 선택권을 가진 독특한 존재로서의 그대는 당연히 인생을 창조하고 만들 수 있어야 한다. 그것이 당연한 결론이다. 그대는 행복을 이루어 가는 기적을 만들 수 있고 당연히 그래야 한다.

우리는 이미 가지고 있다

살아가면서 우리는 결핍을 느낀다. 애인이 없어서, 돈이 없어서, 키가 작아서, 얼굴이 못생겨서, 몸매가 아니어서, 배운 게 없어서 등 그 원인도 참 많다. 결핍에 대한 생각들은 대개 상대적인 것에서 비롯된다. 다른 이들과 비교해서 자신이 가진 것이 적다고 느끼는 것이다.

그대의 결핍의 영역에 존재하는 것이 상대성에서 비롯된 것이든 실제 존재하는 결핍이든 상관없이 어쨌든 그대에겐 결핍이라는 단어가 존재해서는 안 된다. 우리가 추구하는 창조의 삶은 이 문제에 대한 답을 충족시켜 줄 것이다.

앞에서 언급한 대로, 양자역학에 따르면 물질이 존재하는 이유는 그 물질이 의식적 관찰자에 의해 관찰되기 때문이다. 우리가 돌아보지 않을 때 모든 것은 파동 형태의 에너지로 존재하다가, 우리의 관찰이 시작되는 시점이 되면 순간적으로 정형성을 가지게 된다. 이런 관점에서 보면, 우리의 부는 우리 주위에서 에너지의 형태로 이미 존재하고 있다. 우리의 내면적 시도와 창조적 자아의 힘이 기울여지기를 기다리고 있다.

그대보다 내적인 힘이 별 볼일 없는 사람이 잘사는 것처럼 보이는 것은 어찌된 일인가? 그대도 알다시피, 어떤 사람에게 있어 그가 가진 부는 그가 만든 것이 아니다. 그에겐 그대보다 더 좋은 환경이 태어나기 전부터 있었고 이미 존재해 온 물질 에너지가 끌어당김의 법칙에 의해 또 다른 물질을 끌어당기면서 그의 현재를 가능하게 하였다.

이에 비해 외적으로 보기에는 황무지와 같은 조건에서 오직 자신의 창조성을 이용해 삶을 일구어 나가는 그대는 얼마나 위대한가? 그러므로 실망하지 마라. 그대는 이미 가지고 있다. 알에서 깨어나길 기다리며 비상을 준비하는 새처럼 그대의 에너지는 꿈틀거리며 껍질을 깨 가고 있다.

이제 그대의 창조 에너지가 물질화하여 그대 앞에 육안으로 나타나는 일만 남았다. 그대는 우주에서 가장 위대한 존재이다. 모든 것은 그대를 위해서 존재한다. 그대의 행복 창조를 위해서 준비된 것이 있는가 하면, 그대의 내적 깨달음을 위해 준비된 것도 있다. 전체 여정을 그냥 즐기라. 그대는 지금도 행복하지만 지금과 비교할 수 없을 만큼 더 행복해질 것이다.

에너지 보존의 법칙

그동안의 과학 연구에서 불변의 원리로 확인된 물리법칙들이 있다. 관성의 법칙이나 질량 보존의 법칙과 같은 것들이다. 그런 원리 가운데 기적의 창조나 내적인 자아를 깨닫는 것과 밀접하게 관련된 법칙이 있다. 바로 에너지 보존의 법칙이다.

이 법칙을 그대는 이미 알고 있을 것이다. 나무를 태울 경우 나무의 형태로 존재했던 에너지는 사라지는 것이 아니라 일정량의 빛에너지와 열에너지 그리고 소리에너지로 변환된다. 그리고 그 외의 것은 탄소 덩어리(재)의 형태로 남는다. 에너지는 어떠한 경우에도 사라지지 않고 존재한다. 이것이 에너지 보존의 법칙이다.

이 사실을 기억하면 우리가 생각하는 물질의 창조는 마음먹기에 따라 얼마든지 가능하다. 그대 주위를 채우고 있는 것은 모두 에너지다. '물질은 단지 에너지의 한 형태'일 뿐이다.

최근 과학자들은 우주의 많은 부분을 채우고 있는 어두운 부분에 무엇이 있는지에 대해 연구하였다. 그 결과 이미 물질화한 눈에 보이는 가시적 물질의 몇 배나 되는 에너지가 이 공간을 채우고 있음을 알게 되었다. 과학자들은 이 부분을 '암흑물질(dark matter)'로 명명하였다. 과학계에서 알려진 바에 의하면, 적어도 우주에는 75퍼센트 이상의 것이 눈에 보이지 않는 에너지 형태로 존재한다. 그렇다. 우주에 뻗쳐 있는 에너지는 결코 고갈되지 않는다.

그 에너지는 그대의 주위에도 그대의 필요를 충분히 채우고도 남을 만큼 존재하고 있다. 새로운 현실을 창조하겠다고 결심을 굳힌 그대에게는 비교할 수 없을 만큼 강력한 에너지가 이미 모이기 시작했다. 그러므로 확신하고 있으라. 그리고 기쁜 마음으로 그대의 때를 기다리라. 육안으로 확인할 수 있게 될 것이다.

우리가 영원한 존재라고 말할 수 있는 이유

에너지 보존의 법칙은 자아에 대해서도 많은 것을 생각하게 한다. 앞서 살펴본 대로 우리는 우주 가운데서 매우 독특한 존재이다. 선택권을 가진 의식적 에너지인 것이다. 그런데 에너지가 영구히 존재하는 것이라면, 나라는 자아가 어찌 사라질 수 있겠는가? 물리법칙을 변하지 않는 사실이라고 인정하면서 나라는 존재는 영원할 수 없을 것이라고 생각한다는 것이 오히려 비논리적이다. 그러므로 더 이상 자신을 과소평가하지 마라. 그대는 위대한 존재이다. 그리고 영원한 존재이다.

이곳 지구별에서 살고 있는 우리에게는 많은 것이 유한하게 보인다. 에너지를 조화롭게 사용할 수 있다 해도 육체를 통해 이루어지는 삶을 무한정 연장시킬 수는 없다. 하지만 영원한 존재인 우리는, 비록 형태가 바뀐다 하더라도 이곳 지구별에서 나름의 의미를 가지고 있다. 우리는 그 의미에 부합하는 삶을 발견하면 된다. 우리의 현생이 전부가 아니라는 사실은 우리를 너무 조급하게도, 그렇다고 너무 태만하게도 하지 않는다.

그대는 이 사실에 동의하지 않을지도 모른다. 호흡이 끊어지는 순간 모든 것이 완전히 끝난다고 말하는 종교도 있다. 의롭지 않은 영혼들은 뜨거운 불구덩이에서 영원히 고초를 받는다고 가르치는 종교도 있다. 만일 그대가 신이라면 이런 결과를 원하겠는가? 영원성을 가지고 있고, 아들에게도 영원성을 부여할 수 있는 아버지가 아들이 소멸되는 모습을 잠자코 보고만 있겠는가? 혹은 아들이 잘못을 저질렀다는 이유로 불 위에서 고통을 당하게 하겠는가?

인간의 영원성에 대한 순리적이고 합리적인 결론을 내리고자 한다. 그대라면 어떤 결론을 내리겠는가. 이것은 의미 있는 질문이다. 그 답변에 따라서 우리는 삶을 다르게 설계할 것이기 때문이다.

그대는 자발적으로 삶을 창조하면서 인생을 영위할 것인가? 아니면 평생 죄인으로 살아갈 것인가? 일체성과 사랑 안에 우리가 적용할 수 있는 도덕적 삶의 이유와 방법들이 모두 들어 있다. 그런데도 불필요한 규범과 관념에 자신을 얽어매고 살아갈 것인가? 아니면 사랑 안에서 자유인으로 살아갈 것인가? 무엇보다 그대는 기적을 성취 가능한 것이라고 생각하는가? 아니면 내가 아닌 아주 특별한 사람들에게만 주어지는 특권이자 기회라고 생각하는가?

우리가 온 인류와 연결된, 또한 온 우주와 일체성을 지닌 영원한 존재임을 기억한다면 우리는 우리의 삶을 보다 도덕적이고 의미 있는 것으로 만들어 갈 것이다.

나눔의 힘

창조를 이루기 위해 우리가 해야 할 중요한 일 하나가 있다. 바로 나누어 주는 일이다. 누군가에게 자신이 나누어 줄 수 있는 것을 나누어 주는 일은 창조를 극대화시킨다. 이 일이 창조의 에너지를 더없이 안전한 방법으로 활성화시킨다.

앞에서 잠깐 살펴보았지만, 우리는 우리가 실제로 믿는 것이 무엇인지 잘 모르는 경우가 많다. 우리의 가능성에 대한 감정적 무게를 어디에 비중 있게 두는지 스스로도 모르고 있을 수 있다. 좀 더 쉽게 말하면, 우리는 우리가 기적을 만들 수 있다고 생각하고 있을 수도 있지만 다른 한편으로는 자신이 이루고자 하는 것이 너무 크고 어렵다는 생각으로 내면의 불신이나 두려움에 더 많은 감정적 비중을 두고 있을 수 있다는 이야기다.

나 자신이 어떤 사실을 믿고 있다고 할 때, 그것은 우리의 무의식도 기꺼이 믿고 있는 것이어야 한다. 하지만 우리의 무의식은 일이 그르쳐질 수 있다는 생각으로 더 움츠러들기도 한다. 두려워하고 걱정하는 것이다. 때때로 창조가 일어나지 않는 이유는 바로 이 때문이다. 자신이 이미 가지고 있다는 생각은 더 많은 것을 끌어오게 한다. 반면 자신의 힘든 처지만을 고민하고 있으면 무의식적 자아가 긍정적인 믿음을 가질 리 없는 것이다. (무의식적 자아는 앞서 언급한 상위자아와는 다른 개념임을 알 것이다. 무의식적 자아가 두려움의 영향을 쉽게 받을 수 있는 반면, 상위자아는 그러한 감정의 상태를 '관찰'한다. 정리하면, 우리의 물리적 행동은 생각에서 나오는 것이고 그러한 생각은 많은 경우 무의식적 감정 자아의 영향을 받으며, 그 무의식적 감정 자아를 제삼자의 관점에서 고요하게 응시하고 살피고 '관찰'하는 이가 바로 상위자아이다. 일반적으로 많은 이들이 이 상위자아를 발견하지 못한다. 오히려, 감정의 지배를 받는 생각의 소용돌이를 자기 자신이라고 착각하는 것이다.)

이때 필요한 것이 바로 나누어 주는 일이다. 자신이 아직도 행복하며 누군가에게 힘을 보태 줄 수 있다는 것을 무의식도 믿게 하는 것이다. 나누어 주는 것이 반드시 눈에 보이는 금전일 필요는 없다. 누군가를 위해서 시간을 내어 주고 그의 말을 들어 주며 위로의 근원이 되어 주는 것도 좋은 나눔이다. 나의 에너지를 다른 이에게 전달하는 일은 여러 형태로 가능하다. 그대는 여전히 할 수 있는 일들이 많이 있다.

나눌 때 자신의 행동과 관련하여 희생한다는 생각이 들면 안 된다. 희생이라는 말은 결핍이라는 요소를 어느 한구석에 가지고 있다. 결핍에 집중하면 당연히 그것은 결핍을 가져오게 된다. 그러므로 우리에게 희생이라는 단어는 어울리지 않는다. 멀찌감치 치워 버리자.

대신에 우리는 베풂에 집중해야 한다. 누군가를 위해 희생하는 것이 아닌 베푸는 일은 그 자신이 풍요로운 사람일 경우에 가능하다. 그대는 자신이 풍요로워지기를 원하는가? 그렇다면, 더 이상 희생에 집중하지 말고 베풂에 집중하라. 둘 다 주는 일이지만, 그것이 우리 생활로 끌어오는 것은 분명히 다르다.

테레사 수녀는 살아 있는 동안 반전 운동 관련된 제의가 들어오면, 그보다는 평화 운동을 하기를 원했다. 어떤 일에 대한 저항이 오히려 동일한 것을 더 끌어올 수 있다는 사실을 테레사 수녀는 알고 있었다. 그래서 반전이 아니라 평화에 집중하는 쪽이 더 현명하다고 한 것이다. 반전 운동과 평화 운동은 전쟁 종식을 지향하는 면에서는 같지만, 집중되는 에너지의 방향성은 같지 않다. 그러므로 그대 역시 누군가를 위해 무언가를 기꺼이 하고자 한다면 희생이 아니라 베풂에 집중하라. 창조의 에너지는 그대를 베풂의 기회가 가득한 '풍요'로 안내할 것이다.

결핍은 실존하는 것이 아니다

결핍은 실존하지 않는다. 주변 상황이 그렇게 믿도록 만드는 것일 뿐이다. 그대에게는 힘이 있고 주변을 변화시킬 능력이 있다. 물을 퍼 올리는 기계를 그대가 갖고 있다고 하자. 이 기계의 간단한 사용법만 안다면 가족뿐 아니라 이웃마을 사람들까지 갈증을 풀어 줄 수 있다. 하지만 사용법을 알지 못하거나 그것이 물을 퍼 올리는 기계인지조차 인지하지 못하고 있다면 그대는 갈증으로 인해 쓰러져 가는 가족들을 보면서 눈물을 흘릴 수밖에 없다.

우리 모두에게는 생각을 현실로 만들어 줄 컨버터, 변환기가 존재한다. 이 컨버터의 사용법만 익힐 수 있다면, 컨버터에 버무려 넣은 에너지가 현실이 되는 과정을 보다 성숙한 모습으로 지켜보며 기다릴 수 있다. 원료가 되어 줄 에너지는 우리 곁에 넘치도록 존재한다. 결핍은 실존하지 않는다. 다만 존재한다면 우리가 풍요롭다는 사실에 대한 '인지의 결핍'뿐이다.

그러므로 어떤 경우에도 결핍으로 인해 슬퍼 말자. 아직 아무것도 시작되지 않았다. 그대는 창조의 능력을 시험해 볼 수 있는 기회를 가지게 되었다. 기회는 언제나 그대 곁에 있다. 만약 그대가 입만 열면 누군가가 와서 발까지 씻어 주는 왕자로 태어났다면 내면의 힘에 관심을 기울일 수 있었겠는가? 삶의 소박한 즐거움과 성취에 대한 자각을 가질 수 있었겠는가? 지구별이 독특한 행성인 이유가 바로 이것이다. 이곳은 깨달음의 별이다. 소중하고 가치 있는 것에 대한 깨달음의 기회는 아무에게나 주어지지 않는다. 그대는 행운아이다.

감사하는 일의 중요성

그대의 깊은 내면이 자연스럽게 창조 의지에 주파수를 맞추기 위해서는 그대가 풍요 가운데 있으며, 실제로 이미 많은 것을 받았다고 느끼는 것이 중요하다. 그렇게 하는 좋은 방법 중 하나가 바로 감사하는 것이다. 그대의 감사하는 마음과 태도는 그대가 이미 원하는 것을 받았음을 알리는 표시며 그대가 그것을 마음으로부터 느끼고 있다는 결과이다. 감사함으로써 그대는 그대 내면의 주파수를 현실 창조에 부합되는 상태로 맞출 수 있다.

그대가 감사를 느끼는 것은 가식에 근거해서는 안 된다. 억지로여서도 안 된다. 받았다고 생각되지 않는데, 단지 입술의 되뇌임만으로 주파수가 맞춰지지는 않는다. 그러므로 이미 가지고 있는 것에 진정으로 감사하라. 그리고 분리와 파괴의 에너지가 깃들 수 있는 부정적인 불만은 일단 접어 두라.

그런데 이미 가지고 있는 것에 감사하라고? 결핍의 극한을 느끼고 있는 판국인데 도대체 무엇을 이미 가지고 있다는 말인가? 그대가 결혼했다면, 이제껏 자신의 삶이 유지되어 온 것과 나의 삶에 힘이 되는 가족이 곁에서 함께할 수 있는 상황에 대해 그대의 신에게 감사하라. 주머니는 빈털터리일지라도 그대가 특별히 중병을 앓고 있는 게 아니라면 몸을 움직일 힘을 주신 것에 감사하라. 당장 내일 먹을 쌀이 없더라도 오늘 먹을 밥이 있다는 데 감사하라. 없는 것에 결코 불평하지 말고 지금 이 순간 그대가 누릴 수 있는 것에 감사하라.

현실로 눈을 돌리면, 눈물이 나고 가슴이 옥죄어 오는 느낌이 들지도 모른다. 자신을 속일 수는 없다. 눈물이 나오면 시원하다고 생각될 만큼 울라. 원한다면 공중을 향해 실컷 소리도 쳐보라. 일시적인 감정 분출이 그동안의 기적 창조의 노력을 일시에 수포로 돌리지는 않는다. 기적은 여전히 그대에게로 장엄한 걸음을 옮기고 있다. 다만 부정적인 감정의 폭발을 오랜 시간 지속하지는 말자. 이제 다시 그대의 본질로 돌아와 기적을 창조할 때이다.

일시적 감정의 분출이 그대를 이롭게 할 수 있는 이유는 그것이 그대를 더 진솔하게 하기 때문이다. 억눌리거나 과장됨 없이 더 진솔하게 사랑과 일체성을 느끼게 하며, 더 진솔하게 감사하게 하고, 더 진솔하게 마음으로부터의 나눔과 카타르시스를 느끼게 한다. 눈물은 신체에도 정화 작용을 하며, 자연스런 호르몬의 분배를 가능하게 한다. 눈물은 약함이나 결핍의 증거가 아니다. 그렇다면 위대한 조물주가 이 투명한 보석을 우리에게 선물하지 않았을 것이다.

만약 무신론자라면, 그대는 스스로에게 감사할 수 있다. 뚱뚱하다고 생각한다면 다리에게 감사하라. 그 오랜 시간 동안 제대로 돌봐주지 못했음에 미안해하고 무거운 몸을 지금껏 지탱해 준 것에 대해 고마워하고 감사하라. 그리고 기특한 그대의 다리를 사랑하라. 그대의 신체 모두에게 그대는 그렇게 할 수 있다. 긍정과 창조의 에너지가 흐르는 '미안해, 고마워, 용서해, 사랑해' 같은 단어들을 일상생활에서 그대의 피부 같은 것이 되게 하라.

지금 당장도 좋다. 잠시 눈을 감고 음미하듯 그대 자신을 향해 이와 같은 말을 천천히 되뇌어 보라. "지금까지 너에게 관심을 많이 가져 주지 못해 미안해." "그럼에도 불구하고 잘 버텨 주어 고맙다." "부디 나의 이런 부족함을 용서해 다오." "사랑해, 정말 많이 사랑해." 직접 해 보지 않고는 알 수 없는, 전과 다른 에너지의 흐름을 느낄 수 있을 것이다. 실제로 내 주변에서 이렇게 되뇌어 본 사람들 중 적지 않은 수가 몇 분 내에 울음을 터뜨렸다. 그리고 거의 대부분이 가슴에서 시작해서 머리까지 순간적으로 찌릿한 전율을 느꼈다. 다른 사람에게 말하듯 자신에게 되뇌는 것, 이것은 앞서 언급한 관찰자가 되는 것과도 연결된다. 그대의 에너지는 지금 이 순간 바뀌고 있다.

사랑과 일체성을 느낄 수 있는 그 어떤 행동도 주저하지 말고 실행하라. 실질적인 일체성을 느끼는 것, 실질적인 사랑을 내면 깊숙이 느끼는 것, 여기에 창조의 비밀이 숨어 있다.

여유롭게 천천히

놀랄 만한 기적이 모든 사람에게서 즉각 이루어진다면 어떻게 될 것인가? 기적이라는 말 자체가 의미하듯, 이것은 물리법칙을 넘어서기도 한다. 시간이나 공간을 뛰어넘는 기적은 예로부터 있어 왔다. 그러나 그런 예는 일부에 불과하다. 일반인들은 상상하기도 어려운 일을 즉각적으로 해 보이는 특별한 능력을 가진 사람들은 있다. 그런 능력은 사람들이 가지고 있는 다양한 재능 중 하나이다. 후천적인 훈련에 의해 이것이 가능할 수는 있을지라도 우리 모두가 같은 사람이 되기 위해 노력할 필요는 없다. 오히려 그 트레이닝을 위해서 인생 전체를 희생해야 할지도 모른다.

 방송에서 보는 기인들은 형광등을 씹어 먹고 불을 삼키며 연체동물 같은 유연함을 보이기도 한다. 그들의 재능을 흥미롭게 바라볼 수는 있지만 그들처럼 되어야 할 이유는 없다. 그들처럼 되려면 모든 것을 버리고 수년 동안 수련만 해야 할지도 모른다. 그들은 그런 삶을 선택했기 때문에 잃어버린 것도 많다. 소박하고 일상적인 삶의 아름다움이나 소소한 추억들을 상실할지 모른다. 즉각적인 기적을 이룬 극소수의 사람들 역시 그러하다. 그들의 삶은 소박하거나 평범하지 않다. 그들의 창조 재능 중 일부는 대단히 강력한 반면 다른 정신적, 신체적인 면은 평범한 사람들과 매우 다르다.

그러므로 우리가 수십 년의 트레이닝이 필요할지 모를 즉각적인 기적을 만드는 일에 시간을 보내야 할 이유는 없다. 우리의 창조 능력은 물리법칙에 위배되지 않으면서 충분히 만족스러울 만큼 신속하게 발휘될 수 있다. 우리의 목적은 우리의 내면과 외면의 행복 그리고 평화이지, 기적 자체가 아니다. 기적은 단지 삶을 행복하게 꾸며 주는 도구에 불과하다.

어쩌면 우리의 창조 과정이 시간과 공간이라는 완충장치를 사용한다는 사실에 감사해야 하는지도 모른다. 그 덕분에 우리는 창조 활동이 일어나고 있는 동안에 더 좋은 것이나 더 발전적인 것을 새롭게 선택할 수 있으며, 섣부르게 튀어나온 창조의 결과에 책임을 지는 일로 골머리 앓는 상황을 피할 수 있다.

어떤 경우에도 조급해하거나 염려하지 말자. 그대의 생각과 내면의 주파수가 사랑과 일체성 안에서 조화를 이룬다면 가시적인 효과는 물리적인 법칙 속에서도, 가장 신속하고 합리적으로 그대에게 다가올 것이다.

모든 것이 '하나'라는 일체성에 대한 자각은 우리의 내면 에너지를
우주 에너지와 조화되게 하여 현실 창조에 있어서 강력한 힘을 발휘한다.
사랑, 고요와 평온, 나눔과 감사, 그리고 일체성은 창조를
해 나가는 우리 곁에 늘 함께하는 단어들이다.

7장
일체성이 나를 풍요롭게 한다

모든 것이 하나라는 자각

모든 인류, 아니 이 세상에 존재하는 모든 것들이 커다란 유기체를 이루듯 하나로 연결되어 있다는 사실을 그대는 어떻게 생각하는가. 이 점을 받아들이는 일이 나의 경우에는 쉽지 않았다. 모든 것이 연결되어 있다는 관념을 세상의 많고 많은 다양한 생각 가운데 하나로 여기고 인정할 수는 있었지만, 이것이 내 믿음의 일부가 되는 데는 많은 시간이 걸렸다.

언젠가 바이러스를 잡으려고 세포벽들 사이에서 추격전을 벌이는 백혈구의 모습을 볼 기회가 있었다. 비교적 짧은 영상이었지만, 이후에도 이것은 머릿속에서 지워지지 않고 계속 맴돌았다. 비록 사람의 인체에서 떼어 내 관찰대 위에 올려놓은 것이긴 하지만 그 추격전의 모습은 인체라는 거대한 유기체 안에서 개별 세포들이 벌이는 스토리 중 하나였다.

혹시 '팩맨'이라는 게임을 아시는지? 지금은 고전이 돼 버린 팩맨은 제법 스릴과 박진감을 느끼게 하는 게임이었는데, 고스트에게 잡아먹히지 않으려고 요리조리 피해 다니다 보면 긴장감으로 손바닥이 촉촉해지곤 했다. 그런데 백혈구와 바이러스의 추격전을 보며 그와 유사한 긴장과 스릴이 느껴졌다. 그러면서 '백혈구가 마치 생각이나 지각력이 있는 것처럼 움직이네? 이들에게 바이러스를 추격할 수 있는 눈 같은 게 있나? 어떻게 저럴 수 있지?' 하는 생각이 들었다. 이 의문을 풀기 위해 조사해 본 결과, 세포들이 서로 의사소통을 하고 있으며 서로 인지하고 협력하는 일련의 활동을 한다는 내용에 대해 알게 되었다. 그 각각의 세포들 중 일부를 떼어 내 실험실에서 알맞은 환경을 조성해 주면, 그들은 또 나름대로 공동체를 이루면서 살아가게 된다.

이러한 사실을 통해, 분리된 존재이면서 동시에 서로 연결되어 있는 '하나로서의 개별적 자아'라는 실체가 이해되기 시작했다. 세포들의 세계가 우리 사회와 완전히 똑같지만은 않겠지만, 하나로서 연결된 자아의 개별성은 우주 가운데서 반복되어 온 에너지 형식의 패턴인 것이다. 어찌 보면 서로 연결되어 있다는 일체성을 이해하는 것은 우리 자신의 진정한 위치를 발견하고 전체 우주와 나 자신의 에너지의 방향성을 조화롭게 맞추는 필

수적인 부분이다.

프랙털에 대해 들어 본 적이 있을 것이다. 그것은 우리가 존재하는 물질계가 별들 사이의 거대 세계에서부터 세균이나 미립자에 이르는 미시 세계까지 수학적으로 측정 가능하고 식별이 가능한 유사성의 법칙을 따른다는 점을 체계화하여 이론으로 정립한 것이다. 이 이론에 의하면, 각각의 백혈구를 이루는 더 작은 세계에서도 동일한 에너지 패턴을 관찰할 수 있고, 그보다 더 작은 세계에서도 이 법칙을 따른다. 거대 세계인 우주의 별들 사이에 보이는 에너지 패턴은 말할 것도 없다. 실제로 천문학자들은 인간이 식별 가능한 언어는 아니지만, 지구가 자신의 상태를 알리는 특정 형태의 자기장과 주파수를 시시각각 발산하고 있음을 발견했다.

이 에너지 프랙털 법칙에 의해서 우리보다 차원이 높은 신의 세계에 대한 통찰을 희미하게라도 얻을 수 있지는 않을까? 어쨌건 지금 우리에게 중요한 것은 모든 것이 '하나'라는 일체성에 대한 자각이 우리의 생각 에너지를 우주 에너지와 조화되게 하여 현실 창조에 있어서 강력한 힘을 발휘한다는 사실이다. 나 또한 삶에서 본격적인 변화를 경험한 것은 모든 사물에 들어 있는 일체성을 이해하면서부터였다. 이 점을 이해하고 인정하지 않는다면 언제까지나 우리는 분리된 존재로 살아갈 수밖에 없다. 분리에 대한 생각은 창조가 아닌 파괴의 에너지(두려움)가 따르고 있는 에너지 패턴임을 기억하라.

금 속에 섞인 은

종류가 다른 두 물질이 서로 소통하거나 교류하는 것이 실제로 가능할까? 오래 전 일부 과학자들은 각각의 물질이 다른 물질에 영향을 줄 수 있다는 사실을 발견하였다. 그들은 금 덩어리와 은 덩어리를 밀착시켜 상온에 오래도록 그대로 놓아두었다. 나중에 관찰해 보니 은덩이 안에서는 금 입자가 발견되었고, 금덩이 내부에서는 은 입자가 발견되었다. 딱딱하게 고체화된 물질이 서로 맞붙어 있었다는 이유만으로 서로 교류하고 섞일 수 있다는 점은 많은 것을 시사한다.

  이는 우선 에너지로 이루어진 모든 물질계가 본질적으로, 그리고 본성적으로 일체화의 특성을 가지고 있음을 보여 준다. 연결되어 있으면서 서로에게 영향을 줄 수 있다는 것이다. 의도성을 가지고 있지 않은 정형화된 물질에 그런 특성이 이미 내재되어 있다면, 의식을 가진 인간이 자신의 의도성을 사용하여 주변을 창조할 수 있다는 것은 지극히 자연스러운 일이다. 그러므로 우리는 내면에 잠재해 있는 창조성을 의심의 여지없이 받아들일 수 있어야 한다. 우리는 삶의 주인이며 창조자인 것이다.

내부의도와 외부의도의 관계

앞에서도 잠시 내부의도와 외부의도에 대해 언급했었다. 외부의도의 정의에 대해서는 논란이 많지만, 외부의도는 언제나 존재해 왔다는 것이 내 경험에 바탕한 생각이다. 즉 우주는 이미 특정 주파수의 공명에 의해 움직일 의도를 가지고 있고 만반의 준비가 되어 있다. 우주는 원래 그런 형태로 존재한다. 에너지 공명과 의도에 의해서 움직이게 되어 있는 것이다. 하지만 공명은 주파수가 맞아야 일어난다.

그렇다면 외부의도가 작용하게 하는 방법은 무엇인가. 그것은 모든 것 안에 존재하는 일체성을 온전히 이해하고, 저항이나 노력에 의해서가 아니라 자아의 순수 선택에 의해서 자연스럽게 기적이 일어난다는 사실을 영혼이 인지함으로써, 우주와 주파수를 맞추는 데 있다. 각각의 단어들을 자세히 음미해 보기 바란다. 생각이나 말로만이 아니라 내면의 영혼이 기꺼이 그 사실을 받아들이고 인정한다는 것은 무엇을 의미하는가? 쉬운 일은 아니다. 이 주파수를 맞추는 과정에서 도움이 되는 요소가 바로 앞에서 말한 감사와 나눔이다. 이미 받았다는 사실과 이미 존재한다는 사실을 그대의 영혼이 받아들이게 하는 것이다.

분리의 시각이 오늘날의 결핍을 만들었다

사랑의 에너지가 일체감을 자각하게 하고 풍요를 창조하는 데 반해 두려움의 에너지는 분리와 분열을 조장하고 결핍을 느끼게 한다. 오늘날 많은 사람들이 고통에 익숙하고 내적인 우울함을 당연히 여기게 된 것도 이와 연관이 있다.

지구상의 그 누구도 결핍을 추구하지는 않는다. 사람들이 일체성에 대한 자각과 관련된 기억을 상실하지 않았다면, 인류에게 결핍이란 존재하지 않았을 것이다. 하나로서 연결된 또 다른 나로서의 타인이 존재한다는 걸 기억했다면 지배와 피지배로 얼룩진 사회 구조를 대물림하지 않았을 것이다. 공유하고 나누는 일이 일상이 되었을 것이다. 그렇다면 어디서부터 잘못된 것인가. 인류에게 일체성이 아닌 분리를 느끼게 했던 어떤 사건이 있었던 것인가.

내면의 창조성을 깨닫지 못하고 두려움을 갖는 것은 대다수 사람들에겐 마이너스 요소이지만, 소수의 이기적인 사람들에게는 자신의 목적을 관철시키는 데 더할 나위 없이 유리한 시스템이다. 그러면서 그 시스템이 구성원을 보호하는 역할을 한다고 믿게 만들면 그 구조를 지속시킬 수 있게 된다. 사람들에게 두려움과 죄책감이라는 것이 원래부터 존재하는 것이라 믿게 하면, 그 사회적 구성원들은 의지할 곳을 찾게 된다. 이제 그들이 의지할 곳이라고는 그들에게 두려움을 넣어 준 곳밖에 없으니 그 시스템에 순종하고 협조할 수밖에 없는 것이다.

얼핏 보면 그런 시스템은 질서가 잘 잡혀 있는 듯 보인다. 나이트 샤말란 감독의 영화 〈빌리지〉를 보면, 구성원 대다수가 매우 순진해 보이는 어느 마을의 이야기가 나온다. 공동생활을 하는 그 마을 사람들은 함께 모여 식사를 하고 마을의 문제점도 같이 해결해 나간다. 마을은 틀이 잘 잡힌 하나의 유기체처럼 보인다. 모두가 순수하고 부지런하며 질서를 잘 지킨다. 겉으로 보기엔 거의 완벽에 가까운 사회이다.

그런데 이 사회에 가까이 들어가 보면 이상한 점이 있다. 마을 사람들은 모두 전통적 규율에 맞는 옷차림을 해야 하고, 특정 색깔의 꽃은 꺾을 수 없다. 밤에는 악마가 돌아다니므로 어두워지면 외출할 수 없으며, 정해진 경계선 밖으로는 절대 나가선 안 된다. 사람들은 경계선 밖의 환경에 대해서는 심각할 정도의 두려움을 갖고 있기 때문에 원로들을 제외한 대부분의 사람들은 태어나서 지금까지 그 경계선 밖으로 나가 본 적이 없다. 마을 경계 밖으로 가야만 구할 수 있는 약품이 있는데도, 사람들은 두려움 때문에 움직이지 못한다.

그러나 마을에 존재한다는 악마는 마을 원로들이 지어 낸 허상이다. 마을의 시스템은 원로들이 외부 세계와 마을 사람들을 차단하기 위해 만들어 낸 것이었다. 외부 경험이 없는 마을 사람들로서는 원로들에 의해 주입된 내면의 두려움을 그대로 따를 수밖에 없는 것이다.

이런 사회는 현실에도 존재하고 있다. 우리는 그 구성원들의 모습을 통해 사회 안에 존재하는 두려움을 감지할 수 있다. 내면에 숨어 있는 두려움이 구성원들을 순진무구하게 하고, 질서 있게 보이게 하고, 조화로워 보이게 할지언정, 그것이 구성원 각자를 진정으로 행복하게 하거나 풍요롭게 하지는 못한다. 그들은 자신이 속한 테두리 안에서 억지스런 관념에 따라 살도록 강요당하면서 테두리 바깥세상과는 철저히 분리된다. 내적인 두려움으로 만들어진 공동체는 구성원 각자를 의식의 저능아로 만든다. 겉으로는 사랑과 일체성이 강조되는 듯 보이지만 사실은 철저하게 우주적 조화로부터 격리되는 것이다.

그런 사회는 거의 예외 없이 결핍을 느낀다. 여기서의 결핍은 반드시 물질적인 것만을 의미하지 않는다. 정신적 결핍, 관계적 결핍, 영적 결핍, 인륜적 결핍들이 존재하는 것이다. 내적인 두려움으로 중무장하고 있는 일부 종교들은 그러한 결핍의 해결 방안으로 천국이나 휴거, 지상낙원에 대한 희망을 강조한다. 지금 희생의 삶을 살고 있을지라도 그들의 희생은 반드시 보상을 받는다는 것이다. 이 얼마나 달콤한 말인가. 여기서 내릴 수 있는 결론은 이것이다. 우리는 누구나 예외 없이 부분적으로 분리에 대한 생각을 가지고 있다. 정도의 차이가 있을 뿐이다. 이 분리에 대한 관념이 확장되면서 오늘날의 결핍을 가져왔다.

하지만 일체성에 대한 자각은 우리 모두가 근본적으로 가지고 있는 것이다. 그것은 별도로 넣어 주어야 하는 것이 아니다. 분리에 대한 고정관념을 걷어 내면 자연적으로 빛을 발하게 되어 있다.

중독은 풍요의 걸림돌

무언가에 중독되어 본 경험이 있는가. 중독의 종류는 다양하다. 마약이나 술처럼 물질에 의한 중독만 존재하는 것은 아니다. 누군가에 대한 참을 수 없는 집착도 중독이다. 생각하지 않으려 해도 의지와는 별개로 머릿속에 자꾸만 떠오르는 많은 생각들도 중독이다. 특정한 취미 생활에 빠져 생활의 균형을 잃는 것도 중독 증세이다. 우리는 모두가 중독의 가능성을 지닌 존재이다.

중독이라는 단어에는 '스스로의 생각이나 무의식을 조절할 수 없음'의 의미가 담겨 있다. 창조성을 회복하려면 생각을 하나의 도구로 여기고 컨트롤할 수 있어야 하는데, 그것을 막는 요소가 바로 중독인 것이다. 내적인 창조성의 근원을 가로막는 중독은 한번 걸려들면 무시운 존재가 되어 버린다. 중독에 빠진 사람들은 예외 없이 결핍을 경험하게 된다. 게임 중독, 도박 중독, 알코

올 중독, 섹스 중독, 이 모든 것들은 계속적인 결핍을 가져온다. 중독은 그 자체가 해로움을 지녔음은 물론이며 마음과 생각을 컨트롤할 수 없게 하는 에너지 회오리 때문에 창조적인 내면의 자아가 설 자리를 잃게 된다.

중독은 삶의 성취를 이루는 데 있어서 경계 대상 1호라고 할 수 있다. 무언가에 중독된다는 것은 예쁜 통나무집을 지으려고 사용하는 연장에 그 자신이 화를 당하는 것에 비유할 수 있다. 설명하자면 이렇다. 생각은 우리의 도구이다. 전기톱, 망치, 대패 같은 도구이다. 그런데 그 생각과 감정을 내 마음대로 사용할 수 없게 되는 것이다. 그래서 그 도구들에 쓸리고, 잘리고, 상처 입고… 잘못하면 생명에 위협을 받을 수도 있다. 우리는 이 도구들을 유용하게 활용해서 행복이라는 통나무집을 창조해야 한다. 강력한 창조 활동을 할 수 있는 이 도구들은 놀라운 힘을 지니고 있어서 자칫 잘못 이 도구에 휘둘리게 되면 위험해질 수 있다.

우울증은 그 대표적인 증세의 하나이다. 우울함이 순간적으로 우리 머릿속을 스쳐 지나갈 수는 있다. 충분히 있을 수 있는 일이다. 우리는 많은 일들을 겪는다. 혼자 사는 것이 아니기에 다른 이들의 에너지를 느끼며, 때로는 조화롭지 못한 타인의 에너지에 영향을 받기도 한다. 따라서 늘 좋은 일만 존재하지는 않는다. 우울함을 느끼게 될 때 신체에서는 이 감정과 관련된 호르몬을 분비한다. 우리의 지각력은 이런 기분이 드는 것을 원하지 않지만, 신체는 이런 호르몬 분비가 반복되면 해당 호르몬에 중독된다. 결국 이런 호르몬이 분비되는 감정 상태를 습관적으로 만들게 되고 호르몬 분비는 계속 이어진다.

그대의 영혼은 강하지만 그대의 육신은 약하다. 그러하기에 심연에 있는 내면의 소리를 듣는 것이 필요하다. 내적 자아로 주의를 돌리는 것은 육체의 허약함을 극복하게 해 준다.

내면의 목소리와 상위자아

그렇다면 우리 자신의 내면의 소리를 어떻게 알아낼 수 있는가? 바로 상위자아가 보내는 '무의식적 감정 신호'에 귀를 기울이면 된다. 우리는 앞에서 '언어적 정형성이 배제된 상위자아의 관찰자적 시점'에 대해 살펴보았다. 즉, 생각을 멈추고 말로는 표현되지 않는 내면의 상태로 들어가 제삼자의 입장에서 자신을 의식하는 것에 대해 살펴보았다. 우주 에너지와 연결되는 창조자로서의 상위자아(제삼자로서 나를 바라보는 자아)는 논리와 이성으로 만들어진 언어 문장이 아닌, 감정의 신호를 우리에게 보낸다.

상위사아가 무엇인지 아직도 궁금해할지 모른다. 말로 표현하긴 어렵지만, 그것은 우리의 상념과 생각이 멈춘 그 순간에도 빛나면서(각성된 상태로 존재하면서) 우리의 감정 상태를 살필 수 있는 순수한 의식적 자아를 가리킨다. 그것은 우리의 감정 상태를 살피고 '관찰'한다. 아무런 평가도, 단죄도 하지 않는다. 이러한 상위자아의 목소리에 귀를 기울이면 특정 문제에 대한 우리 내면의 감정(생각만으로는 파악이 안 되는 감정)이 어떠한지 알 수 있게 된다. 앞서도 말했듯이 이러한 과정을 거치면서 우리는 문제가 되는 감정에서 벗어나 평온과 고요의 상태로 들어가게 된다. 상위자아가 안내하는 고요와 평온의 세계는 시간도 공간도 의미가 없다. 상위자아는 우리보다 훨씬 현명하고 지혜롭다. 그것은 기적을 이루는 실체이면서 때때로 현명한 판단을 내리도록 우리를 돕는다.

한 가지 강조할 사항은, 앞서도 말했듯이 우리가 사랑을 바탕으로 나눔과 감사를 일상에서 꾸준히 실천하며 생각을 조절하는 연습을 꾸준히 해 나갈 때 상위자아의 활동은 활발하게 이루어진다는 점이다. 이때 우리 내면의 주파수는 우주와 공명을 일으키며 우리가 지닌 창조 능력은 극대화된다.

사랑과 내면의 고요와 평온, 나눔과 감사, 일체성 등은 창조를 해 나가는 우리 곁에 늘 함께하는 단어들이다.

권위와 관념이라는 외부 요인이 우리의 손과 발을 묶어 둘 수는 있다.
하지만 그 같은 물리적 결박이 우리의 내면까지 구속하도록 해서는
안 된다. 생각을 도구로 여기고 진정한 상위자아의 목소리에
귀를 기울여야 하는 이유가 여기에 있다.

8장
권위와 관념의 함정

우월감과 열등감

살아가면서 제어하기 힘든 감정적 동요를 시시때때로 겪는 것은 다른 사람이 자신보다 열등하다거나 우월하다는 생각을 하기 때문인 경우가 많다. 우월감이나 열등감 모두 스스로를 감정에 도취되게 한다. 하지만 이 둘은 실제 존재하는 것이 아닌 허상이다. 그 사실을 깨닫지 못한다면 우리는 그릇된 생각의 굴레에서 벗어날 수 없다. 그러다 보면 원하지도 않는 죄책감이나 책임감을 느끼게 되고 부정적인 감정의 에너지가 증가하게 된다.

부부든 친구든 연인이든 어떤 관계에나 이 사실은 적용된다. 자신이 상대보다 우월하다거나 열등하다는 생각은 상대방에 대한 섣부른 이기심을 당연히 받아들이게 하거나 필요 이상의 비

정상적 집착을 하게 하여 정상적인 관계를 이어갈 수 없게 만든다. 그러므로 우리는 우리가 만나는 사람 모두가 자신과 동일한 존재이며 서로 다르지 않다는 사실을 알아야 한다. 이것은 현실 창조에 있어 매우 중요한 관점이다. 물론 어떤 사람은 나보다 키가 클지 모르고, 더 예쁘다고 여겨질지 모르며, 특정 분야에서 필요한 재능을 더 가지고 있을지도 모른다. 하지만 그것은 저마다 가지고 있는 다양성일 뿐이다. 우월이나 열등으로 판가름할 성질의 것이 아니다.

일렁이는 바다 물결에서도 어떤 한 부분이 더 높이 치솟게 마련이다. 마침 강한 바람이 물결의 그 부분과 부딪힌 것이다. 반면 고요한 환경에서 바다는 언제나 평평한 바다일 뿐이다. 넓게 퍼져 있고 하나로 연결되어 있는 커다란 덩어리다. 물결의 일렁임으로 일정 시간 높이 솟아오르는 물 분자의 움직임은 그냥 존재하는 것이다. 특별한 의미를 부여할 것이 아니다.

에너지의 흐름은 감정의 소용돌이 속에서는 자연스럽게 이루어질 수 없다. 당연히 현실 창조도 힘들어진다. 그러므로 우리는 존재하지 않는 허상뿐인 관념에 사로잡힐 것이 아니라, 자신의 본질을 바로 이해하여 내면의 상태를 자연스럽게 만들어 줄 필요가 있다.

종교인이기보다는 신앙인이 되라

모든 종교가 좋다고 생각하지는 않는다. 그렇다고 모든 종교가 나쁘다고 생각하지도 않는다. 하나 혹은 몇 개의 종교가 다른 것들에 비해 그런 대로 괜찮다거나 좋다고 말하는 것은 더더욱 아니다. 내가 말하고 싶은 것은 '종교인이 되기보다는 신앙인이 되라'는 것이다. 인간이라면 누구나 종교를 가질 수 있다. 그리고 자신만의 신념 체계를 가질 수 있다. 신념이나 가치관을 가지며 살아간다는 것은 아름다운 일이다.

종교인이 되기보다 신앙인이 되라고 한 것은 종교가 가지고 있는 사랑과 내면적 아름다움, 훌륭한 특성들에 머무르라는 것이다. 반면 특정 의식 체계, 정형화된 절대 가치 부여, 다른 사상이나 생각에 대한 배타성에 머물지 말라는 것이다. 종교를 앞세워 강요하는 많은 것들은 영혼의 에너지 흐름 면에서 볼 때 치졸하고 조잡한 의식 상태이다. 그런 의식 체계는 결국 자신과 다른 것에 대한 분리와 분열을 의미한다. 이로울 것이 없는 무의미한 죄책감과 두려움을 만들어 낸다. 두려움은 파괴와 고통을 가져온다.

사랑, 그리고 일체성에 대한 자각만으로도 종교가 표방할 수 있는 모든 목적에 기여할 수 있다. 굳이 언급하자면 우리에게 내려지는 행동 제약은 특정 행위가 인륜적이냐 반인륜적이냐, 혹은 타인의 행복을 침해하느냐 그렇지 않으냐를 판단하는 수준의 것이어야 한다. 이를 넘어서는 것은 사람을 옭아매는 권위를 쥐기 위한 도구에 불과하다.

권위의 목적은 진실을 가리는 것

〈성경〉속의 한 위대한 현자는 이렇게 말했다. "소경이 소경을 인도하면 둘 다 구덩이에 빠진다. 그는 자신도 구원받지 못하면서 타인도 구원받지 못하게 한다." 이 말은 권위로 둘러싸인 인간 세상을 적나라하게 드러내 보이고 있다. 자신의 권위를 앞세우는 이들은 스스로 주변을 창조할 능력이 없다. 그들이 목적을 달성하는 한 가지 방법이 있는데, 그것은 실제로는 존재하지도 않는 자신의 권위를 만들어 내 확립하는 것이다.

이를 위해 경계를 만들고 그 안에 있는 사람들에게 두려움을 심는다. 질서라는 이름 아래 많은 규제를 만들고 정작 자신들은 그 테두리 밖에서 행동한다. 그들은 어느 정도 알고 있다. 사람들이 본래부터 소유하고 있던 자율성과 창조성에 대한 자각이 이루어지면 체제 유지는 힘들다는 것을. 그래서 그들은 자신들의 목적에 부합하지 않는 존재들을 이물질로 여겨 제거하거나 격리시킨다. 아니면 자신들에게 이질적인 존재들의 활동 영역을 최소화시켜 에너지를 숨 막히게 한다.

　인류의 역사는 진실을 알리려는 사람과 숨기려는 권위 간의 투쟁의 연속이었다. 그런데 권위자들이 의도하지 않았는데도 사람들의 군중심리는 주어진 틀을 깨려는 생각을 가진 사람들을 기막히게 적출해 내곤 하였다. 그리고 매우 잔인하게 제거하였다. 어떻게 그런 일이 일어날 수 있었을까?

　도대체 어떻게 진실을 의도하는 사람들을 가려낸 것일까? 어떻게 이성을 가진 지성 있는 인격체들이 자유를 수호한다고 말하면서도 특정 목적을 위해 비이성적이고 반인륜적인 행동을 할 수 있는 것일까? 여기에도 심오한 비밀이 숨어 있다. 실존하는 악마성에 비견될 만한 또 하나의 보이지 않는 요소에 대해 살펴보기로 하자.

펜듈럼, 기적을 막는 악마의 실체

다수의 사람들에게 집단적인 특정 관심사가 생기면 거기에는 사람들의 사념 에너지 덩어리가 생겨난다. 이것을 펜듈럼이라고 한다. 우리는 펜듈럼에 둘러싸여 살고 있다고 해도 과언이 아니다. 매일 매스미디어를 통해서 전해지는 각각의 뉴스들도 저마다 다른 펜듈럼을 생성한다. 각각의 종교들에도 나름의 펜듈럼이 존재한다. 펜듈럼은 마치 살아 있는 유기체처럼 움직인다.

펜듈럼은 복잡한 지각을 가지고 있지는 못하다. 하지만 어느 한 가지에는 아주 강한 집착을 보인다. 그것은 자신의 생존과 관련된 면이다. 펜듈럼은 사람들의 에너지를 소진시키며 자신의 몸뚱이를 불린다. 어떤 사람에게서 더 이상 공급받을 에너지가 없다고 생각되면 냉혹하게 그를 버리거나 제거한다. 각각의 펜듈럼은 다른 펜듈럼과 충돌을 일으키기도 한다.

국가주의, 인종주의, 각종 이념과 사상들은 펜듈럼으로 이루어져 있다. 펜듈럼에게는 자신의 생존에 위협이 되는 것은 철저하고 잔인하게 짓밟는 특성이 있다. 같은 사회 내에 존재하는 다른 생각은 철저하게 가려낸다. 펜듈럼은 자신이 에너지기 때문에 자신과 다른 특징을 지닌 에너지를 금세 알아차린다. 그리고 주저함 없이 그들의 다름을 틀림으로 규정하고 공격한다.

히틀러 치하의 광범위한 잔인성은 어디서부터 나온 것인가? 라이벌 관계인 두 가수의 팬클럽 소녀들 사이에서 있었던 살인 사건은 과연 인간 본연의 특성에서 나온 것이라고 할 수 있는가? 배가 고파 빵을 훔친 어린 소년의 팔을 트럭으로 으스러뜨리는 것을 당연하게 생각하는 군중심리는 어디서 오는 것인가? 종교 교단 내의 모순을 폭로한 사람을 가려내기 위해 행해지는 불법적이고 충격적인 인권 침해를 당연하게 받아들이는 군중심리는 어디서 나온 것인가?

모든 것이 영적인 저능아들에 의해 만들어진 펜듈럼 때문이다. 펜듈럼의 목적은 성장과 생존이다. 펜듈럼에 휘둘리지 않기 위해서는 지혜가 필요하다. 일부 펜듈럼의 경우 유익한 목적에 기여할 수 있는 것도 사실이다. 펜듈럼 자체만을 두고 좋다 나쁘다를 판가름할 수 있는 것은 아니지만, 그것이 안목과 이성을 흐리게 하는 파괴적인 힘을 가지고 있는 것만은 분명한 사실이다. 펜듈럼은 오직 자신의 생존에만 관심이 있는 멍청하기까지 한 존재이기 때문에 우리는 펜듈럼을 잘 이용할 수도 있고 슬기롭게 상황을 헤쳐 나갈 수도 있다.

펜듈럼은 에너지를 빨아먹는 유기체이다. 에너지를 사용하여 창조 활동을 하려는 우리가 유념해야 할 대상이다. 사람들에 의해 만들어진 사념 에너지 덩어리가 어떻게 유기체와 같은 특성을 갖게 되는지는 아직 모른다. 다만 확실한 것은 그것이 엄연히 존재하고 있다는 사실이다.

관념들로 채워져 있는 세상

내면을 지배하는 맹목적인 관념은 우리의 의식적 성장을 방해하는 결정적인 역할을 한다. 중독을 만드는 것 중 하나도 관념이고 내면의 두려움을 양산하는 것 또한 관념이다. 관념 자체는 그리 해로울 것이 없지만, 한 사회나 일정 테두리 내에서 관념이 힘을 발휘할 때는 구성원 대부분이 그 포로가 되어 버린다.

관념에 사로잡힌 포로들은 그들이 가진 이 특정 관념만 제거하고 나면 정상에 가깝다. 하지만 자신들의 관념이 기존의 인류적 문화 양식들과 상충하면, 정상인이기를 포기한다고 생각될 정도로 감정적 동요를 일으킨다. 뭐, 여기까지는 그런 대로 봐줄 만하다. 더 큰 문제는 그들이 스스로의 관념 체계를 삶 전체의 신념이나 가치관으로 삼게 될 때 일어난다.

대부분의 관념은 잘 포장되어 있다. 신에 대한 사랑, 이웃에 대한 사랑, 정의 실현, 악에 대한 응징… 이런 것들이다. 얼마나 거룩하고 그럴듯한가? 이런 면에 대중들은 속기 쉽다. 거기에 군중심리와 권위가 첨가되면 파괴력 있는 절대 권력이 탄생한다. 그런 예들은 주위에서 쉽게 목격할 수 있다. 종교 단체, 사회, 문화, 친목, 팬클럽 등 헤아릴 수 없이 많다. 합리적으로 보이는 이상향을 동원해 구성원들을 이끌고 그 이상향을 이루기 위한 수단으로 각종 변칙적인 방법을 사용하거나 묵인한다. 모두 일치가 아닌 분리를 향한 패턴을 반복한다.

언젠가 길에서 두 소녀가 다투는 모습을 보았다. 완력을 사용해 심하게 다투는 장면이었다. 이유는 의외로 단순했다. 둘은 각각 서로 다른 스타의 팬클럽 회원이었는데, 한 소녀가 상대 스타를 욕하자 곧장 길바닥에서 혈전이 벌어진 것이다. 싸움은 두 소녀에게만 국한되지 않고 주변에 있던 다른 소녀들에게로 확대되었다. 스타에 대한 집착과 애정이 감정적 불균형을 초래하고 결국 좋지 않은 결과를 만든 셈이다.

가끔이긴 하지만 스타들이 받는 우편물 중에는 증오에 찬 혈서도 있고 죽은 동물이 담긴 소포도 있다고 한다. 누군가에 대한 애정은 좋은 것이지만, 내면의 자기정당화 과정을 거치면서 만들어지고 버무려진 관념은 정상적인 판단을 흐리게 하고 무리한 행동을 이끌어 낸다.

이런 종류의 내적인 관념은 그래도 나은 편이다. 시간이 지나면 '그때 왜 그랬지?' 하면서 본연의 사고를 회복할 수 있다. 하지만 회복하기 힘든 종류의 관념도 있다. 그것은 많은 이들이 포로가 된 종교적 관념이다.

종교적 관념이 가진 잔인성

인류 역사에서 가장 극악했던 사건 중 일부는 종교라는 이름 아래 자행되었다. 살아 있는 인간의 심장을 도려내어 신에게 바쳤던 아즈텍 인들의 관습은 종교적 관념의 힘이 얼마나 강력한 것인지 느끼게 한다. 어디 그뿐인가? 중세시대 마녀 사냥은 인간성이 얼마나 잔인해질 수 있는지 보여 주는 예이다. 한 여인이 마녀인지 아닌지 알아내는 당시의 방법은 정말 터무니없는 것이었다. 여인의 몸에 돌을 묶고 바다에 빠뜨렸을 때 그 여인이 바다 위로 떠오르면 마녀이고 떠오르지 않으면 인간이라고 했다. 바다 위로 떠오를 리도 없겠지만, 떠오르든 떠오르지 않든 그 여인은 죽을 수밖에 없는 것이다. 일단 마녀로 지목되었다면 화형을 당해야 했는데 그때 쓰일 장작은 그 부모가 일을 해서 사야 했다. 딸을 태워 죽이기 위한 땔감을 마련하는 부모의 심정을 헤아릴 수 있는가? 이것은 도덕적인 면에서나 잔인성에 있어서나 상상하기 힘든 상황이다.

 이 외에도 대못이 거꾸로 박힌 의자에 앉히거나 사지를 찢어 죽이는 재판 모두 종교라는 이름 아래 있어 온 반인륜적 역사이다. 현대에도 여전하다. 일부 원리주의 이슬람 테러리스트들은 성전이라는 미명하에 몸에 폭탄을 두르고 군중들 사이에서 기꺼이 자신을 희생한다. 그들은 죽음과 함께 자신이 하늘에서의 영광된 삶에 동참하게 될 것이라 믿는다. 종교 규율을 어긴 여인을 돌을 던져 죽이거나 불구로 만드는 일 또한 동시대에 벌어지고 있다. 지구 저편 문화권의 이야기만은 아니다. 소위 선진 문명국으로 알려진 나라나 민주주의를 표방하고 있는 나라에서 일어나는 갈등 중 상당수도 종교와 관련이 있다.

 한국은 어떠한가? 이 사회도 예외는 아니다. 기도원에서 몸속에 있는 악마를 쫓겠다고 행한 구타로 인해 사망에 이르거나 불구가 되는 일이 심심치 않게 일어난다. 어느 종교는 교주와 관련된 성추문이 끊이지 않고 심지어 교주가 구속되는 상황이 생겼음에도 불구하고 신도들은 근래까지 그에 대한 열렬한 지지를 보내고 있다. 교주의 행각이 수차례 보도되었음에도 불구하고 그에 대한 지지는 꺾이지 않는다. 이런 현상을 무엇으로 표현해야 할까? 앞서 살펴본 펜듈럼에 대한 고찰을 떠올리지 않을 수 없다.

일부 종교 모임에서 기적이 생기는 이유

어떤 종교의 부흥회나 모임에 가면 기적이 일어나는 순간을 보게 되기도 하는데, 어떻게 그런 일이 생길 수 있는지 궁금해하는 사람들이 많다. 속임수에 기반한 경우도 상당히 있지만 실제 기적이 일어나는 경우도 있다고 본다.

우리는 인간 내면의 에너지가 어떤 힘을 발휘할 수 있는지 살펴보았다. 이제껏 내면의 힘을 발견하는 방법을 생각해 보았고 그 가능성들을 엿볼 수 있었다. 내면의 힘은 여러 사람들이 함께 모여 있을 때 매우 강력하게 작용한다. 일반적으로 세 명 이상이 모여서 동일한 생각이나 목표에 집중하면 그 일이 현실과 동떨어져 보일지라도 급작스럽게 이루어지게 된다.

내가 보기엔 종교 부흥회의 기적도 이 같은 에너지의 응축 효과에 의해서 일어나는 듯하다. 고대 바빌로니아에서는 이런 식으로 내면의 힘을 촉발시키는 원리를 이미 알고 있었다. 그래서 의식의 힘을 발현시키는 일단의 무리들이 존재했다. 따라서 수백 명이 운집한 부흥회와 같은 자리에서 특정 형태의 에너지 기류가 생성되는 것은 당연하다. 이 경우에는 펜듈럼도 강력한 맹위를 떨친다. 펜듈럼 역시 사람들에게서 모인 사념 에너지 덩어리기에 그 자리에서 확장되고 강해진다. 사람들이 함께 모여 동일한 관점에서 같은 문제에 집중하게 되면 정말 기적 같은 일이 일어난다.

잘 아는 친구 중에 교회에서 은사를 베풀던 여성이 한 명 있다. 지금은 독단적인 종교의 관념에 환멸을 느끼고 종교에 대한 생각을 바꾸었지만, 대중 모임에서는 항상 초인간적으로 보이는 현시를 만들어 왔다. 그녀가 수많은 대중 앞에서 누군가에게 은사를 베풀면 그 사람은 경련을 일으키거나 알 수 없는 눈물을 흘렸고 특별한 경험을 하곤 했다. 하지만 그녀도 대중들과 떨어져 있을 때는 평범한 사람이었다. 그냥 웃는 모습이 예쁘고 지성미 있는 한 여성일 뿐이었다.

그녀는 어떻게 대중들 앞에서 그런 일을 할 수 있었던 것일까. 사실 내가 어쩌다가 만나는 그녀에게는 초인간적인 능력을 발휘할 힘이 없었다. 만약 있었다면 일찍이 내가 궁금해했던 '계시의 섬광'과 '신의 목소리'를 인지할 수 있도록 도와주었을 것이다. 그녀와의 만남을 통해 내가 내릴 수 있는 결론은 이것이다. 같은 내면의 목적을 가진 다수의 사람들이 모인 자리에는 독특하고 강력한 에너지가 생성된다는 사실. 그리고 그 에너지는 때때로 초인적인 기적을 만든다는 것.

관념의 실체와 내면의 창조성

어떤 외부 요인이 우리의 손과 발을 묶어 둘 수는 있다. 하지만 그 같은 물리적 결박이 우리의 영혼까지 구속하도록 방치해서는 안 된다. 특정 무리의 집단적 관념은 우리의 생각을 마비시킬 수 있으며, 이때 영혼은 병들어 가게 된다. 우리의 가치관, 생명관, 윤리관은 지극히 인류적인 것이어야 하며 타인의 행복을 침해하지 않는 자연스러운 본질에서 출발해야 한다. 그렇지 않다면 그것은 인간의 신경을 마비시키는 바이러스와 다를 바가 없다.

겉으로 보기에 어떤 관념들은 사랑에 근거해 있고 정의와 질서를 구현하는 데 방향이 맞춰져 있다고 판단될 수 있다. 하지만 그 관념을 표방하는 집단의 시스템이 정작 자신들의 내부를 향해서는 진실하지 않다면 그것은 허울뿐인 관념을 내세우고 있는 것이다. 그 테두리를 깨는 것이 힘들다면, 그대의 정신적 요소라도 그런 것들에 영향 받지 않도록 보살펴야 한다. 펜듈럼에 휘둘려서 에너지를 탕진하는 일이 생겨서는 안 된다.

내면의 창조성은 인간의 마음이 외부적 요인이 아니라 내면의 자아에 의해 컨트롤될 때 발생한다. 생각을 도구로 여기며 진정한 상위자아의 목소리에 귀를 기울여야 하는 이유를 여기서 다시 한 번 확인할 수 있다.

우리 내면의 힘을 움직여 현실 창조를 이루어 가는 과정에서 얻을 수 있는 여러 이점들이 있다. 악몽을 더 이상 꾸지 않게 되고, 부정적인 에너지의 영향을 물리칠 수 있게 되며, 육체의 질병에 대한 치유 효과를 기대할 수 있고, 온갖 중독으로부터 자유로워지며, 죽음에 대한 새로운 이해로 불필요한 두려움에서 벗어날 수 있다.

9장
마음의 힘을 움직일 때 따르는 것

악몽이여 안녕

우리가 내면의 창조성을 발견하고 창조 능력을 발전시키려는 것은 그것이 우리를 행복하게 하기 때문이다. 우리는 그 원리와 방법들을 찾아보았다. 저항하지 않고 생각을 멈추는 것의 중요성을 알게 되었고, 사랑과 두려움이라는 특성이 어떻게 서로 다른 에너지를 발산하는지, 모든 것에 존재하는 일체성을 자각하는 것이 왜 그토록 중요한지도 살펴보았다. 또한 믿는다고 생각하는 것과 실제로 내면 깊은 곳에서 믿는 것의 차이가 무엇인지도 검토하였다.

권위와 관념에 가려 있던 창조성이 드러나기 시작하면, 그것은 우리에게 유익하게 작용한다. 첫째, 반복적이거나 가끔씩이라도 찾아오는 악몽의 잔재에서 해방될 수 있다. 이 점에 대해서는 앞서 어느 정도 살펴보았다. 기본적으로 생각을 자신의 본질이라 여기지 않고 현실 창조를 위한 하나의 도구로 여긴다면 이 도구를 훈련시켜서 원하는 방향대로 사용할 수 있게 된다. 실상 꿈은 내면에서 나오는 것이기 때문에 생각을 도구처럼 조절할 수 있다면 악몽에 시달리지 않게 되는 것이다.

물론 꿈이라는 것이 100퍼센트 혼자 상상으로 만들어 내는 것이 아님을 알고 있다. 펼쳐지는 특정한 상황들은 외부 에너지의 영향을 받아서 조성되는 '가능태'의 모습일 수 있다. 생각하는 것과 전혀 다른 방향으로 상황이 설정되기도 하기 때문이다.

이 글을 쓰기 조금 전 짧은 꿈 하나를 꾸었다. 내가 아는 누군가와 대화를 하는 중이었는데, 그 사람은 내 말을 오해했고 나는 그 사실을 전혀 모르는 채 대화를 이어 갔다. 서로 같은 말을 하고 있다고만 생각했는데 한참 이야기하다 보니 그게 아니었다.

내 말을 이해했을 거라고 여기고 대화를 이어 갔던 나의 생각은 무의식에서 나온 것이었다. 나의 믿음이었던 것이다. 하지만 꿈속에서조차 내가 인지하지 못하는 방법으로 오해가 생겼다. 나도 눈치 채지 못한 그 사람의 오해는 누구의 생각이었을까? 그 오해 역시 내 생각이 만든 것일까? 판단하기가 어렵다. 분명한 것은 꿈은 주변 에너지의 영향을 받을 수 있다는 것이고, 그것은 하나의 가능태로 꿈 안에서 나타날 수 있다는 사실이다.

하지만 가능태에 의해 설정된 꿈은 자신의 의지로 얼마든지 상황을 바꾸거나 역전시킬 수 있다. 그리고 자신이 원하지 않는 형태로는 더 이상 꿈의 가능태가 설정되지 않는다. 앞에서 설명한 대로 만약 누군가 나를 쫓아오는 꿈을 꾼다면 내가 그 상대를 쫓아가는 것으로 생각을 바꿈으로써 상황을 역전시킬 수 있다. 나를 쫓아오던 상대는 더 이상 꿈속에 출현하지 않는다. 사실이다. 꼭 시험해 보라. 상황을 역전시키고 나면 악몽이라는 것이 존재하지 않게 된다. 신기한 일이다.

내 경험을 이야기하자면 이렇다. 나는 가위에 잘 눌리는 사람이었다. 눈앞에 뭔가가 보이고 현실인 것 같은데, 그것을 잡거나 거기서 벗어나려고 아무리 애를 써도 잘 되지 않았다. 어떤 경우에는 그 알 수 없는 악몽에서 벗어나려고 발버둥 쳐 겨우겨우 꿈에서 헤어 나왔는데, 벗어난 현실 역시 꿈의 연속이었다. 이런 상황이 자주 계속되었다.

나중에는 이런 상황을 으레 당연한 것으로 받아들이기에 이르렀는데, 그러던 중 이런 생각이 들었다. '현실을 바꾸려는 사람이 꿈도 극복 못해?' 그래서 이후 다시 가위에 눌리는 꿈을 꾸게 되었을 때는 방법을 바꾸어 보았다. 당시 나는 명상을 공부하기 시작한 초보였는데, 저항이 거센 감정의 회오리를 가져온다는 것을 알게 되었다. 그래서 꿈에서 벗어나야겠다는 저항을 하지 않고 그냥 상황을 역전시키기로 했다. 나를 압박하는 존재의 위치를 바꾸어서 내가 그를 압박하는 상상을 한 것이다. 믿기지 않을지 모르지만, 나의 악몽과 가위눌림은 그날이 마지막이었다. 그 무렵부터 나의 현실 생활은 완전히 다른 패턴으로 변해 갔다.

창조 에너지의 재배열

예전의 우리는 늘 마음속으로 고심하고 외적으로는 아등바등하여 겨우 입에 풀칠하는 식으로 현실을 만들어 나가는 데 익숙해 있었다. 그런데 우리가 내면의 힘으로 물질을 창조하는 의지를 발휘하면 에너지가 재배열되기 시작한다. 육체 지향적인 에너지가 정신 지향적인 에너지로 탈바꿈하기 시작하면서 구조 역시 재배열되는 것이다.

이 과정에는 약간의 시간이 걸릴 수가 있으며, 에너지의 공백이 느껴지는 결핍의 순간이 올 수도 있다. 육체 지향적 사고가 정신 지향적 사고로 바뀌면서 에너지 차원에서도 재정비의 시간이 필요하기 때문이다. 이 시간은 생각보다 길 수도 있고 아주 짧을 수도 있다. 하지만 어떤 상황이 오더라도 당황하지 말자. 기적 창조의 현실은 분명 우리 앞에 올 것이다. 가장 완벽하고 적합한 순간에 우리 앞에 나타날 것이다. 우리는 그저 우리의 느낌과 생각, 행동을 일치시키면서 에너지 주파수를 우주의 외부의도의 주파수와 일치시키면 된다.

　창조 에너지가 재배열된다는 것은 우리의 의식이 우주와 조화롭게 연결되고 있음을 뜻한다. 우리가 원하는 상태가 바로 이것이다! 우리는 스스로의 행복을 창조하는 삶의 주인이자 창조자가 되는 것이다. 잘 알려진 노래 가사에 이런 구절이 있다. '그대는 사랑 받기 위해 태어난 사람….' 이 말은 참되다. 그것은 순리고 자연스러운 것이다. 또한 우리는 '사랑하기 위해 태어난 사람'이며 '행복하기 위해 태어난 사람'이다. 이것 역시 참이며 지극한 순리고 자연스러운 것이다. 이제 우리의 행복을 선택하자.

　서두에서 언급한 대로 나의 과거는 굉장히 우울하고 비참했다. 그러던 중 내 삶이나 현실 창조에 대한 의문을 품게 되어 자료를 정리하고 그것을 적용하기 시작했을 때 얼마나 많은 상념들이 나를 괴롭혔는지 모른다. 그러다가 마침내 "바로 이거구나!" 하고 뭔가를 체험하고 느끼기 시작했을 때, 나는 불 꺼진 방 안 구석에서 목 놓아 울었다. 비록 작은 시작이긴 했지만 정말 행복했다. 그때를 생각하면 아직도 감성이 북받쳐 오른다.

　그 이후부터의 나의 삶은 기적의 연속이었다. 어려운 경제적 환경이 단숨에 해결되지는 않았지만, 상황은 매우 신속하게 내가 마음먹은 대로 달라졌다. 지낼 곳이 없어 길에서 자야 하는 상황이었는데, 친하지도 않았던 누군가가 자신의 보증금이 걸린 방을 제공했다. 얼마 후에는 내가 이용할 수 있는 조그만 승용차가 생겼다. 밑반찬이 없을 때 아주 우연한 계기로 그 필요가 충족되었고, 이발비가 없어 덥수룩한 머리를 쓸어내리며 조용히 내 필요를 생각한 바로 그날 밤, 먼 곳에 사는 아는 이발사가 불쑥 우리 집을 찾아왔다. 참고로 그 사람은 내 필요를 몰랐다.

돈이 갑자기 불어나진 않았지만, 필요한 것들은 언제나 채워졌다. 지인의 집에 놀러 갔다가 고장 난 가전제품을 한번 손봐주었는데, 그것이 직장을 갖는 계기가 되었다. 직장에서도 별다른 어필 없이 원하는 때에 원하는 부서로 자동으로 이동되었다. 이 모든 일들은 내가 죽는 게 낫다고 생각한 지 4~5개월 만에 생겨났다. 영적 자각에 관심이 많았던 나는 읽고 싶은 책을 원 없이 읽어야겠다고 생각했는데, 며칠 뒤 갑작스레 직장이 바뀌었다. 책을 다루는 회사로 말이다.

어느 정도 안정이 찾아온 뒤, 영적 자각과 현실 창조에 대한 나의 통찰을 다른 사람과도 나눠야겠다는 생각이 들었을 때, 나의 환경은 나의 생각들을 정리할 수 있는 가장 적합한 형태로 바뀌었다. 그리고 그것들이 정리되어 어떤 형태로든 다른 이들에게 전해야 할 필요가 있다고 느꼈을 때, 나의 주변 인맥과 상황은 또다시 정비되었다. 그리고 이제 이 책이 그대 손에 있다.

이 책이 그대 손에 도달한 과정은 기적의 연속이었다. 이제 그대의 차례이다. 바통은 그대가 쥐고 있다.

우리가 지금껏 살펴본 내용을 그대가 적용하겠다고 결심하는 순간, 그대의 창조 에너지는 재배열되기 시작할 것이다. 기대해도 좋다. 그대는 단지 선택하면 된다.

비물질 인격체로부터의 안전

내 안의 창조 에너지를 발전시킴으로써 얻게 되는 또 다른 유익함은 두려움을 일으키는 '비물질 인격체'로부터 자유로울 수 있다는 점이다. 어떤 이는 귀신 같은 존재를 생각하고 있을지도 모르겠다. 또 다른 누군가는 어떤 영적인 영향력을 언급할지도 모르겠다. 그걸 뭐라 부르든 아무래도 좋다. 어쨌든 우리는 그런 물질적이지 않은 다른 인격체에 대한 두려움의 장막도 걷어낼 수 있다.

앞에서 나는 우리 모두를 '의식적인 인격체'라고 했다. 우리 모두는 '의식을 가진 인격체'이다. 인정하지 않을 수 없는 점은 귀신으로 부르건 유령이라 부르건, 의식을 가진 인격체로서 존재하는 눈에 보이지 않는 존재가 우리 주변에는 분명히 있다는 사실이다. 누군가에게 있어서 이 점은 두려움을 일으키는 요소일 수 있다. 하지만 걱정할 필요 없다. 우리가 허용하지 않는다면 이 인격체는 우리에게 영향을 줄 수 없다. 우리의 정신을 지배할 수 없다.

다만 이미 허용해 버린 경우, 그 인격체를 내보내는 것은 힘든 일일 수 있다. 창조의 에너지가 그런 쪽으로 사용되는 것을 직접 본 적이 없기 때문에 이에 대해서는 나도 자신 있게 뭐라 말하기 어렵다. 하지만 기억하라. 우리가 허용하지 않는 한 어떤 영적 인격체도 우리의 정신을 소유할 수 없다.

본디 인간은 여러 가지 요소로 겹겹이 싸여 있는 존재이다. 우선 우리의 몸은 물질로 이루어져 있다. 또한 우리는 스스로 인지하지 못하는 초의식체인 아스트랄체로 구성되어 있다. 일반적으로 동양학에서 '혼'이라고 부르는 부분이다. 사람들이 말하는 귀신이나 영은 바로 이 아스트랄체로 이루어져 있는데 우리가 허용할 경우 그들의 영향을 받게 될 수 있다.

하지만 우리의 아스트랄체가 건강하다면 그 어떤 영적 인격체도 영향을 줄 수 없다. 우리가 실제로 약해서라기보다는 우리 내면의 두려움이 우리를 움츠러들게 하고 약한 존재로 착각하게 만들며 결국에는 다른 어떤 것에 지배당하게 한다. 그러므로 두려움으로 자신을 혼란스럽게 하지 말고, 내면 깊은 곳으로 들어가 고요와 평온을 느낄 수 있어야 한다. 그것은 저항하지 않는 생각의 멈춤으로 가능하다.

질병의 점진적 치유

창조의 에너지를 자신의 신체에 사용하는 경우에도 분명한 효과를 볼 수 있다. 이미 치유되었다는 생각으로 자신의 주파수를 우주의 에너지와 조화되게 한다면 신체는 점진적으로 치유된다. 자신의 신체에 대해 긍정의 말을 건네는 일 또한 잊지 않아야 한다. 미안해, 고마워, 용서해, 사랑해 등의 말을 감정을 실어 음미하듯 천천히 자신의 몸에게 해 보자. 눈을 감고 그런 말을 하는 순간 자신의 내부에서 어떤 느낌이 전해 오는 것을 알 수 있을 것이다.

좀 더 자세히, 점진적인 치료를 가져오는 창조 에너지 유도 방법에 대해 이야기해 보기로 하자. 제일 먼저 할 일은 그대의 정신을 고요하고 평화롭게 만드는 것이다. 그대의 생각은 아마도 여러 가지 상념으로 시끄러운 가운데 있을지도 모른다. 가만히 눈을 감고 편한 자세를 취해 보라. 잠들지 않을 자신이 있다면 반듯하게 누워도 좋다. 하지만 잠이 들거나 정신이 흐려질 것 같으면 약간의 긴장을 위해 정좌하여 두 무릎에 팔을 가만히 올려 보라.

가능하다면 몸에 아무것도 걸치지 않는 게 더 유익하다. 우리가 하려는 것은 내면의 고요한 의식을 특정 부위에 집중하는 것이기 때문에 옷의 마찰 등 의식에 영향을 줄 수 있는 어떤 느낌도 갖지 않는 것이 좋다. 방의 조명도 약간 어둡게 하고, 주의를 흩트릴 수 있는 어떠한 것이라도 배제시킬 수 있도록 신경을 쓰라. 갑자기 울릴 수 있는 휴대전화도 잠시 꺼 두도록 하라.

 그 상태에서 눈을 감더라도 그대의 생각은 시끄러움에서 쉽사리 벗어나지 못할 것이다. 방이 어둡다는 것이 두려움으로 작용할 수도 있고, 혼자 덩그렇게 옷을 벗고 앉아 있는 수행 모습도 낯설게 느껴질 수 있다. 옆집의 물소리나 발걸음 소리가 크게 들려올 수도 있고 창밖의 각종 소음도 그대의 청각을 가만두지 않을 수 있다. 모두 당연한 현상이다. 한동안 그냥 허용하자. 눈을 감고 있는 동안 떠오르는 미운 사람의 얼굴이나 분노도 짧은 순간이긴 하지만 그냥 허용해 보자.

 이제 가만히 생각해 보자. 그대에게 가장 많이 느껴지는 감정이 무엇인가? 두려움인가? 그렇다면, 그 상태에서 두려워하고 있는 자신을 가만히 응시해 보자. 속으로 아무 말도 하지 말고, 그냥 응시하기만 하면 된다. 두려움의 느낌이 나쁘다거나 좋다거나 하는 식의 평가도 하지 말고 그냥 바라보라. 그냥 바라보며, 자신의 두려움을 의식하기만 하면 된다. 그러면 두려움이 쭈뼛거리고 있다가 슬그머니 꼬리를 감추는 것을 느낄 수 있다. 두려움을 없앤 후에 다른 느낌이 든다면 그 느낌도 같은 방법으로 응시해 보라. 보통은 하나만 응시해도 다른 것들이 없어지게 되는데, 만약 필요하다면 각각의 감정에 대해 그렇게 할 수도 있다.

이제 그대는 자신의 마음 가운데 있는 온갖 생각들을 멈출 수 있게 되었다. 그렇다면 이어서 탁구공만 한 빛 덩어리가 정수리 위에 있다고 느껴 보자. 정신을 집중해서 그 빛을 상상하고 그 빛이 자신의 머리로 들어와서 천천히, 아주 천천히 자신의 몸 내부를 따뜻하게 데운다고 상상하라. 머리 위에서부터 몸의 각 부분을 떠올리면서, 각 부분의 느낌을 민감하게 감지하라. 몸의 각 부분이 환해지고 있다. 그리고 따뜻하게 데워지고 있다. 심장이나 폐, 간장, 콩팥이 데워지는 모습도 상상해 보자. 그리고 그 빛은 서서히 발바닥까지 내려오면서 온몸을 다 데웠다.

이제 가만히 자신의 아픈 부위를 눈을 감고 응시해 보자. 그냥 응시하기만 하면 된다. 아프다는 생각도 멈추고 몇 분간 그 부분을 그대로 바라보자. 허리가 아프다면 허리의 통증 부위를 응시하고 다리가 아프다면 다리를 응시하자. 그런 바라봄이 좋게 느껴지고 마음을 편하게 한다면 좀 더 오랫동안 그렇게 할 수 있다. 편안한 마음 상태지만, 반드시 집중해야 한다. 아픈 부위를 응시한 지 15~20분 정도 지나면(반드시 이 정도의 시간일 필요는 없다.) 눈을 뜨고 이전의 통증과 현재의 통증을 비교해 보라. 그대는 비교할 수 있다. 만약 통증이 완화되거나 통증 부위의 움직임이 부드러워졌다면 그대는 현실 창조에 성공하고 있는 것이다.

이제 시간의 마디를 만들어 자기 자신에게 암시하는 일만 남았다. 휴대전화가 매시간 정각을 알리는 소리를 내면, 가능한 한 소리를 내어(여의치 않을 경우 속으로 해도 된다.) "나는 예전보다 많이 좋아졌어. 점점 더 좋아지고 있어."라고 외쳐 보라. 그리고 이미 했던 방법으로 2~5분 정도의 시간을 내어 생각을 멈추고 고요와 평온을 느껴 보자.

좀 어렵게 느껴질 수 있지만 한두 번 해 보면 그다지 어렵지 않음을 알 수 있다. 그대는 이미 현실을 창조하기 시작했다.

물질의 창조든, 신체의 치유든 방법은 비슷하다. 생각을 멈추고 내적인 고요 속으로 들어가 평온을 찾은 뒤, 원하는 것을 심상화하고 결핍을 느끼지 않는 가운데 필요한 것들이 자신에게로 오고 있다고 상상하면 된다. 그리고 자신이 그것을 선택한 것이며, 그렇게 되는 것이 당연한 결과임을 영혼이 완전히 믿는 것이다. 누누이 말했지만, 일체성을 느끼는 것이 무엇보다 중요하다. 모두가 나와 연결된 유기체임을 늘 기억하도록 한다. 그리고 시간의 마디를 활용하여 평온의 고요를 맛보며 그 속에서 자신이 원하는 것에 집중하고 그것을 떠올리는 것이다.

온갖 중독으로부터의 자유

사람을 괴롭히는 것 중에는 중독만 한 것이 없다. 이는 사람을 피폐하게 하고 중심 가치를 상실하게 한다. 중독을 극복하는 방법은 내면의 소용돌이를 멈추는 것밖에 없다.

역시 같은 방법으로 생각을 멈추고 가능한 한 오랜 시간 동안 영혼의 고요 속에 있어 보라. 어떤 것을 즐기는 것과 중독은 엄연히 차이가 있다. 만약 어떤 습관이나 생각, 감정을 원하는 때에 스스로 제어하거나 멈출 수 없다면 그것은 중독이다. 저항하는 것은 자신의 에너지를 소진시키고 더 많은 상념을 불러일으킬 수 있다. 싸워서 그런 중독과 이길 수 있다면 좋겠지만 분명히 에너지가 소진되어 기진맥진하게 될 것이다.

생각과 감정을 멈추어 공(空)의 상태로 가 보자. 방법은 같다. 자신의 느낌이나 생각, 감정을 가만히 응시하는 것이다. 저항하지 말고 단지 그냥 그렇게 해 보는 것이다. 그대는 이제 생각의 조절자가 되었다!

죽음에 대한 새로운 이해

하나로 연결된 자아에 대해 깨닫게 되면서 우리는 영원성에 대해 생각하게 된다. 의식하는 에너지로서의 우리의 존재 가치를 떠올리게 되는 것이다. 과학계에서 입증된 것처럼, 에너지를 없앨 수 있는 것은 없다. 우리는 영원한 존재이다. 이 사실을 온전히 이해하지 못할지라도 어쨌건 그것은 사실이다. 우리는 자신에 대해서 다른 시각을 소유하게 되었다. 만약 우리가 자신에 대해 분리된 자아만을 생각했다면 우리는 기적 창조와 관련된 아무것도 시도할 수 없었을 것이다. 떨어지고 분리된 존재들끼리 무얼 어쩌겠다는 것인가? 아무 연관성도 없고 연결 고리도 없는 상황에서 내가 다른 물질에 영향을 주는 것이 가능하겠는가?

그런데 우리가 영원한 존재라면, '죽음'은 무엇을 의미하는가? 죽음이 무(無) 존재로의 회귀가 아니라면 답은 하나이다. 그것은 새로운 성장의 기회로 인도하는 문이다.

우리의 육체적 삶에는 오직 그 삶을 통해서만 배울 수 있는 특정한 성장 경험의 기회가 있다. 생각해 보라. 만약 이런 삶이 아니라면 어떻게 고통 받는 사람들에 대한 동정심과 감정 이입을 배울 수 있겠는가? 이런 삶이 아니라면 어떻게 피붙이에 대한 애틋한 사랑과 조건 없는 사랑이 무엇인지 간파할 수 있겠는가? 우리는 지금 우리의 삶을 통해 성장해 가고 있으며 이 지구별에서의 여행을 마칠 때까지 그러한 성장은 계속될 것이다.

육체적 삶의 경험에는 시작과 끝이 존재한다. 하지만 그러한 경험의 끝이 우리 존재의 끝이나 내적 성장의 마지막을 의미하는 것은 아니다. 우리는 죽음과 비슷한 상태를 간접적으로 경험했다. '생각의 멈춤'을 통해서였다. 생각을 멈추었을 때 그대는 어떤 느낌이 들었는가? 괴로웠는가? 고통스러웠는가? 아마 그렇지 않았을 것이다. 매우 평온하고 고요하며 편안한 느낌이 들었을 것이다.

우리는 일부러 죽음을 선택하지는 않지만, 그렇다고 죽음에 대해 필요 이상의 두려움을 가질 이유도 없다. 우리가 이곳에 살며 숨 쉬는 이유는 이 기회를 통해 의식적 성장을 하기 위해서이며 또한 할 수 있다면 다른 이들에게 그러한 의식적 성장의 기회들을 열어 주기 위해서이다. 죽음은 또 다른 성장의 기회로 우리를 인도한다.

사랑하는 사람과의 물리적인 이별이 슬픈 것은 당연하지만, 슬퍼하는 것과 절제되지 않은 두려움을 느끼는 것은 다른 문제이다. 일반적으로 사람들이 죽음을 두려워하는 이유는 죽음이 우리 삶에서 무엇을 의미하는지 모르기 때문이며, 죽으면 모든 것이 끝난다고 생각하기 때문이다. 물론 종교에서 말하는 사후 심판에 대한 걱정도 한몫한다. 하지만 영원의 존재로서의 자아를 깨닫고 나면 두려움은 존재하지 않는 허상일 뿐이며 우리에게 아무 도움도 되지 않는다는 것을 알게 된다.

그대는 가장 자연스러운 존재인 동시에 우주에서 가장 소중한 존재이다. 그대에게 있어서 스스로의 존재 자체가 끊어지는 것만큼 부자연스러운 일이 어디 있겠는가? 죽음이 그대에게 두렵지 않게 느껴지는 이유는 바로 이것이다. 두려움을 걷어 낸 바로 이 순간, 그대는 예전과는 다른 새로운 사람이 되었다.

우리는 조물주가 우리에게 심어 준 내면의 양심을 지키며 인류와 다른 이의 행복을 침해하지 않겠다는 자연스러운 내면의 법에 따른다. 그리고 내면의 자아가 이끄는 대로 창조의 기적을 이루며 영원한 존재로서의 삶을 일구어 간다.

10장
자연스러운 창조의 삶

모든 것은 영원하다. 다만 변화할 뿐이다

에너지 보존 법칙이라는 물리법칙을 생각할 때, 이 세상 존재 중 영원하지 않은 것은 없다. 다만 변화할 뿐인 것이다. 클레오파트라가 먹었던 음식의 일부 원소가 지금 그대의 신체 일부를 이루고 있는지 알 수 없는 일이다.

그렇다면 우리의 의식 에너지도 영원하다고 할 수 있는가. 당연히 그렇다. 모든 에너지는 고유의 주파수를 가지고 있으며 형태가 바뀌어도 그 에너지 특유의 특성이 분해되거나 사라지지 않는다. 목재를 태울 때의 에너지가 빛에너지와 열에너지, 소리에너지로 바뀌는 것은 구리를 태울 때의 경우와 별반 다르지 않다. 하지만 그것들이 에너지로 환원될 때 나타나는 에너지 기류는 각각 서로 다른 특성을 보인다. 가령 나무가 탈 때와 구리가 탈 때 방출되는 열에너지의 양은 다르다. 당연히 그것들이 소각될 때 나는 소리도 같지 않다. 모든 것들은 저마다 다른 주파수의 에너지 패턴을 가지고 있다. 프랙털 법칙에 의해 유사 패턴이 관찰되면서도 나름의 고유 주파수를 가지고 있는 것이다. '분리된 형태의 하나'라는 개념은 사실상 지구상의 모든 물질에 통용되는 명제이다. 의식 에너지의 경우도 이와 같다. 우리는 유한한 존재가 아니라 무한한 존재이다. 나라는 본질은 결코 사라지지 않으며 제거될 수 없다.

선택의 자유를 가진 의식 에너지의 존재로 현재의 시간을 산다는 것은 참으로 특별한 일이다. 우리가 이 별에 온 것은 나름의 이유가 있어서이다. 우리의 내적 성장은 오직 지구별에서만 배울 수 있는 성장의 기회들로 인해 다듬어졌다. 인간 내면의 고통을 이해하며 감정이입을 나타내고 동정심을 보이며 모성애와 부성애를 경험하고 갈등과 선택에 대한 더 나은 통찰을 얻는 것은 오직 이원성을 가진 지상에서만 배울 수 있는 공부인 것이다. 만약 이원성이 배제된 상태에 사는 천사라면 어떻게 어머니의 무조건적인 사랑과 인간 심연에 깃들어 있는 고통의 자국들을 소유할 수 있겠는가? 어떻게 성취의 짜릿함을 맛볼 수 있겠는가? 그것은 불가능하다. 우리는 우리 자신의 웅비하는 삶을 사랑한다.

모든 것은 영원하다. 다만 변화할 뿐이다. 지구별에서 삶을 이어 가고 있는 나 역시 영원한 존재이다.

어느 뇌 연구가의 이야기

질 볼트 테일러 박사에 대해 들어본 적이 있는가? 저명한 뇌의학 박사이면서 인생의 어느 시점에 뇌출혈을 경험했던 여성학자이다. 1996년 12월 10일 아침, 잠자리에서 일어난 그녀는 자신의 몸에 이상이 있음을 감지한다. 왼쪽 뇌의 혈관이 터진 것이다. 그 후 그녀는 네 시간 동안 정보 처리를 못하는 자신의 뇌를 지켜보게 되었다.

뇌에 생긴 갑작스런 출혈은 그녀의 신체적 기능을 서서히 멈추게 했고 언어적인 생각이나 수리적인 판단도 할 수 없게 했다. 읽지도 쓰지도 말하지도 걷지도 못하며 자신의 육체적 존재의 경계조차도 인지할 수 없는 상황에서 그녀는 내적인 평온을 느낀다. 우리가 지금까지 살펴보았던 생각의 멈춤을 아주 극적인 일로 체험하게 된 것이다.

그녀는 그때의 평온했던 경험을 니르바나(열반)에 비했다. 당시 그녀는 논리적으로 분석하는 좌뇌가 멈춘 상태에서 이타심과 공감 능력, 창조 및 직관력을 관장하는 우뇌로만 세상을 경험할 수 있었다. 단순히 스스로를 인지하고 자신에 대해 관찰자로서만 존재할 수 있었다. 그녀는 단지 관찰자로서 자신을 인지하면서 자신에 대한 경계가 육체 안에만 있지 않다는 사실을 알게 되었다. 그리고 살아 있으면서도 죽은 그 상태에서 모든 것은 하나로 연결되어 있으며, 에너지 형태로 되어 있다는 것을 깨달았다고 증언했다. 그녀가 다시 정상적으로 모든 것을 회복하기까지는 8년의 시간이 흘렀다.

과학 학술 세미나에서 자신의 경험을 울먹이며 이야기하는 한 여성 과학자의 모습을 그대는 상상할 수 있는가. 그녀는 영성가나 종교 사상가가 아니었다. 냉철하고 실험과 사실에 근거해서만 모든 것을 판단하는 과학자였다. 이런 그녀가 돌발적인 생각의 멈춤을 자신의 의지와는 상관없이 경험하게 된 것이다. 단지 자신에게 살아 있는 인지 능력만을 사용해서 바라본 다른 사물의 모습, 그리고 스스로의 모습에 대한 얘기는 우리에게 많은 것을 생각하게 한다. 우리 자신의 본질적인 것이 무엇인지도 가늠하게 한다.

우리 내면의 평온과 고요의 그 장소는 과연 어디에 있는 것일까? 그녀가 이야기한 대로 그곳이 바로 니르바나의 세계인지도 모른다. 불교에서 말하는 니르바나가 그런 의미가 아닐지라도 우리는 한 가지 사실만은 분명히 인지할 수 있다. 지금의 육체로서 존재하는 모습이 나 자신의 본질 전부가 아니라는 것.

우리는 우리의 영혼의 고향을 느낄 수 있으며 그 속에서 우리의 본질을 깨닫게 될 것이다.

유한성의 세계에서 영원성 맛보기

우리는 유한성의 세계에 살고 있다. 우리에게 영향을 미치는 많은 요소들을 느끼며 살아가고 있다. 끊임없이 무언가를 규정하는 관념의 세계에서 살아가고 있으며, 펜듈럼의 회오리 속에 자신을 방치하지 않기 위해 노력하는 가운데 살아가고 있다. 힘겨워 보이는 많은 의무들이 어깨를 짓누를 수 있고 그로 인해 의식적으로 지치게 될 수도 있다.

그럼에도 우리는 유한성의 세계에서 잠시나마 영원성을 느낄 수 있다. 고요와 평화의 기운들 안으로 들어갈 수 있는 것이다. 생각이 멈추어진 상태에서 그대는 과거, 현재, 미래 중 어떤 것이 존재할 것이라 생각하는가. 그렇다. 그 순간에는 단지 현재만이 존재할 뿐이다. 기적 창조와 깨달음의 비밀은 이 현재 안으로 들어가 고요와 평온의 기쁨을 느끼는 것과 관련이 있다. 이렇게 할 때, 우리는 우주의 에너지와 조화할 수 있으며 우리 자신의 본질을 이해하게 된다. 창조의 공명은 이렇게 만들어진다.

지금 이 순간에는 단지 현재가 존재할 뿐이다. 순수의식으로서의 자아가 존재할 뿐이다. 이 순간에 집중하는 것은 모든 생각의 짐을 놓아 버리고 영원의 상태가 되는 것이다. 그 안에 모든 답이 존재한다. 에너지의 균형도, 우리의 본질적 기쁨도, 순수의식으로서의 자아도 존재한다.

솔직히 나는 종교에서 말하는 깨달음이나 열반이 무엇을 의미하는지 잘 모른다. 각 종교들마다 서로 다른 명제들을 제시하고 있기 때문이기도 하다. 하지만 궁극적으로 인간은 누구나 심연의 고요 속으로 들어가 현재의 희열을 느낄 수 있다고 확신한다.

잠깐 멈추어 가만히 생각해 보라. 무엇인가를 깨달았다고 여기며 삶의 작고 소박한 것에 행복을 느끼기 이전의 자신의 모습 가운데서(필시 일상의 반복으로 찌들어 있었을 모습 가운데서) 행복하다고 느꼈던 적은 언제였는가? 행복하다고 느낀 때가 더 많았는가? 아니면 지루하고 행복하지 않다고 느꼈던 때가 더 많았는가? 아마 후자 쪽이 더 많았을 것이다. 왜 그럴까? 왜 그대는 행복을 원하고 있으면서도 행복하지 않다고 느낄 때가 더 많았던 건가? 이제, 내가 그 이유를 말해 보겠다. 그대는 아마도 내 말에 공감하게 될 것이다.

사람은 자신의 '존재 이유'를 인식하게 될 때 살아 있음을 느낀다. 그건 누구라도 마찬가지다. '존재 이유'라고 해서 꼭 거창하고 심각한 것을 떠올릴 필요는 없다. 사람은 인생 가운데서 이루려는 목표나 목적을 가진다. 그것은 도달하려는 시험 성적이나 승진, 합격, 특정 작업의 완료 등등 작은 것에서 크고 어려운 것에 이르기까지 다양하다. 이러한 목표를 이루었을 때 사람들은 자신의 존재를 확인하며 행복을 느낀다.

물론 긍정적인 영을 가진 사람들은 목표에 이르는 과정을 통해서도 행복을 느끼곤 한다. 하지만 대개의 경우 그 과정은 뼈를 깎는 고통을 요구한다. 세계적으로 놀랄 만한 기록을 만든 금메달리스트들은 자신이 달성한 것들에 행복해하지만, 정작 자신의 자녀들에게는 같은 길을 권하고 싶지 않다고 말하곤 한다. 세계 정상이라는 목표를 이룬 피겨 요정도 비슷한 말을 했다. 이유는 무엇인가? 목표한 것을 이루려는 노력의 과정들이 너무나 힘겨움을 알고 있기 때문이다. 만약 자신의 목표가 너무 많거나 높아 도달할 수 없는 것이라면 어떨까? 필시 그런 경우에도 사람은 우울해하기 마련이다.

이제 정리해 보자. 사람은 목표를 달성할 수 없어도 우울하고 목표가 없을 때도 우울하다. 그리고 목표를 이루어 가는 과정의 상당 부분 역시 고통스럽다. 사람들은 자신의 존재 이유를 찾기 위해 목표를 설정하는데 목표를 달성할 수 없어도, 목표가 없어도, 목표를 향해 가는 과정 중에도 '그림자'의 어두움을 느낀다면 도대체 언제 행복을 느낀다는 말인가? 남은 건 하나뿐이다. 바로 목표한 것을 '이루었을 때'뿐인 것이다. 하지만 '이룸'의 기쁨은 오래가지 않는다. 사람은 차츰 자신의 상태에 익숙해져 가며, 망각이라는 필터가 정신적이면서 감정적인 차분함으로 인도하기 때문이다. 이렇게 되면 사람은 다시 새로운 목표를 만들거나 기억의 잔재 속에 있는 자신의 이미지를 떠올리며 부분적 만족에 안주하거나 하게 된다. 결국 대부분의 사람들이 행복의 시간이 많지 않다고 느끼는 이유는 사람이 실제 불행해서라기보다는 목적이나 목표를 성취하는 데서 행복을 맛보려는 인간의 자연스런 본성 때문이라 할 수 있다.

사실이 그러하다면, 어떻게 하면 인간은 더 행복해질 수 있는 것일까? 바로 여기에 '현재에 머무를 필요성'의 이유가 있는 것이다. 잠시 시간을 내어 과거나 미래가 아닌 현재의 자신 안에 머물 수 있다면, 우리의 정신은 보다 평온하고 평화로워질 것이다. 이 평온의 상태가 우리의 감정적·정신적 상태를 최적의 것으로 만들어 준다. 앞서 언급한 대로, 그런 상태는 우리에게 잠재된 능력과 외부적 에너지를 끌어올 수 있는 준비를 갖추게 한다. 과거의 아픔이나 미래가 부여하는 두려움과 의무로부터 자신을 자유롭게 하는 것, 그것은 바로 자신을 현재에 머무르게 하는 것이다.

창조로 즐거운 지구별 여행

만약 우리에게 창조의 기적이 없다면, 삶은 얼마나 무미건조할 것인가. 우리는 그냥 다람쥐 쳇바퀴 돌 듯 인생을 살 것이다. 인생에서의 성취가 없다면, 이 지구별에서의 삶은 지긋지긋한 것이 될 것이다.

만약 우리가 겪는 고통이 모종의 깨달음을 위한 것이라면, 그 고통은 소기의 목적만 달성하면 되는 것이다. 즉, 고통이 우리에게 동정심이나 인간으로서의 삶의 고뇌와 감정이입의 요소를 배우게 했다면 그것으로 충분하다는 것이다. 이제는 삶의 아름다움을 배우고 창조와 성취를 통해 진정한 행복을 누려야 할 시기인 것이다.

우리는 창조를 통해 성취를 맛볼 수 있으며, 창조의 과정을 통해 나를 이해하게 된다. 내면의 고요 속에 있는 동안 우리는 마음의 고향을 느낄 수 있으며, 우리가 본디는 하나인 유기적 자아의 개별적 발현임을 이해하게 된다. 또한 우리의 본질이 외부에 있지 않고 내부에 있다는 진리를 깨닫게 된다.

지구별에서의 삶이 끝났을 때 심판이나 구원을 받게 된다는 것은 이치에 맞지도 않고 사실도 아니다. 고작해야 70~80년 정도 되는 지구별에서의 시간 동안 있었던 일들이 영원한 형벌이나 구원의 근거가 된다는 것은 형평성에도 어긋난다. 우리를 지은 조물주가 우리의 미래를 그렇게 만들었을 것이라고 납득하기 어렵다. 〈성경〉에 들어 있다고? 그렇다면 〈성경〉을 볼 수 없는 사람들은 어떻게 할 것인가. 그 종교를 가질 수 없는 사람들은 어떻게 하는가.

인류의 원류가 되었던 지구상의 경전들은 나름의 가치를 지니고 있다. 하지만 조물주가 애초에 계획하고 의도했을 원초적인 인류관과 인류, 그리고 참된 행복의 추구 같은 것들에 반하는 생각들은 후대에 첨가되었을 가능성이 높다. 〈성경〉 말씀에 따르면 우리는 신의 형상을 따라 창조되었다. 우리는 우리의 내면을 통해 신성을 이해하며 신의 모습이 어떤지 느낀다. 따라서 인간 본연의 자연스러운 모습을 떠난, 두려움을 일으키는 관념적 굴레는 신의 의도가 아니었음을 알 수 있다. 우리는 신이 우리에게 심어 준 내면의 양심을 지키며 인류와 다른 이의 행복을 침해하지 않겠다는 자연스러운 내면의 법에 따른다. 이것이 진정한 순리다.

창조가 있어 진정으로 이 지구별에서의 여행은 즐거울 수 있고 아름다울 수 있다. 우리는 우리의 인생을 아름답고 즐거운 것으로 만들어 가야 한다.

상위자아와 현실자아 사이의 균열 체험

앞서 우리는 자신의 상위자아를 인지하는 것에 대해 검토했었다. 하지만 이것은 상위자아와 '물리적 대화'를 할 수 있어야 함을 의미하지는 않는다. 어떤 사람은 자신 내부에 있는 자아와 정형화된 언어로 대화를 나누기도 한다고 한다. 질문을 하고 답변을 하는 식으로 말이다. 하지만 이런 물리적 대화가 현실 창조에 반드시 필요한 부면은 아니다. 앞서 우리가 살펴보았던 방법으로, 우리의 고향인 내면 깊은 고요 가운데서 평온함을 즐기는 동안 현실자아와 상위자아와의 미묘한 균열을 체험할 수 있다. 이것은 유쾌하고 색다른 경험이 된다.

우리는 우리가 영원한 존재임을 살펴보았다. 우리가 영원한 존재라는 사실은 우리의 삶이 이번 생으로 끝나 버리고 마는 것이 아님을 의미하는 동시에 우리의 육체적 삶 이전의 삶도 존재했음을 의미한다.

우리는 당장 어제 꾸었던 꿈도 제대로 기억하지 못한다. 이런 현실자아가 우리 이전의 삶을 기억하기란 정말 어려운 일이다. 반면에 상위자아는 우리의 육체가 인지하지 못했던 많은 것들에 대한 답을 알고 있다. 그리고 우리의 육체보다 많은 경험을 하였기에 훨씬 현명하고 지혜롭다. 결국 상위자아도 나이며 육체의 현실자아도 나이다. 하지만 어찌된 일인지 우리는 내면의 상위자아를 인지하는 면에 있어서는 다소 서툴다.

내면의 상위자아는 보이지 않으므로 대부분의 경우 상위자아를 우리의 내면 깊은 곳에서 구체적인 형상으로 만나기란 쉽지 않다. 가끔 눈에 보이는 형상으로 상위자아를 만났다고 하는 사람들이 있는데, 그것은 상위자아가 우리의 이해를 돕기 위해 제공한 순간적인 영상일 뿐이다.

이제 내면의 상위자아와 육체의 현실자아를 동시에 느껴 보기로 하자. 일단 우리가 알게 된 대로, 눈을 감은 상태에서 생각을 멈추고 내면의 깊은 곳으로 들어가 보자. 그리고 나라는 자아를 떠올려 보자. 사람에 따라 차이가 있겠지만, 그 순간 일렁이는 물속에 있는 듯한 묘한 느낌이 들 것이다. 그 속에서 현실의 나를 바라보고 있는 자신을 느낄 수 있다. 현실자아와 상위자아가 동시에 느껴지면서 그 균열을 감지하는 순간이다. 처음에는 잘 느껴지지 않을 수도 있다. 하지만 내면의 고요 속에 자주 들어가다 보면 수월해지는 때가 온다.

상위자아가 전하는 것을 알아채는 방법

상위자아를 만나는 것을 불교에서는 참나를 발견하는 일이라고도 하고, 깨달음을 얻는 것이라고도 한다. 어떤 사람은 깨달음을 얻기 위해 30년 이상 수행했지만 아직 이루지 못했다고 말하기도 한다. 깨달음을 얻어 참나를 발견하게 되었을 때 특정한 소리를 듣고 빛을 보았다고 말하는 이도 있다. 기독교인들 또한 하느님을 만나는 순간 홀연히 빛을 보고 소리를 들었다고 증언하는 경우가 있다. 나 역시 상위자아를 만나면서 이런 특별한 소리나 빛을 경험해 보기도 했다.

깨달음에 대한 정의가 종교마다 다르긴 하지만, 나는 깨달음이 더 이상 추구할 것이 없음을 깨닫는 상태, 더 이상 인생의 고뇌로 자신을 괴롭혀야 할 이유가 없음을 깨닫는 상태, 본질적인 것은 내면에 있으며 외적인 것은 그에 비할 때 무가치함을 깨닫는 상태라고 생각한다. 섬광을 보고 소리를 듣는 것이 깨달음이 아니라, 말 그대로 깨닫는 것이 깨달음이다.

영적인 지도자 중 한 사람이라 불리는 칭하이 무상사는 진정으로 깨닫고 나면 그때는 아무것도 보이지 않을 것이라고 말한다. 나는 그 말이 참되다고 생각한다. 깨달음은 초인간적인 현시를 보는 것이 아니라, 진정한 내면의 자아를 인지하는 것이다. 따라서 인간적으로 보고 듣기를 기대하는 실루엣이나 빛, 소리 등은 일부의 깨달음을 얻었다는 신호나 증표에 불과하다. 진정으로 깨달았다고 생각하는 사람에게는 그 무엇도 필요치 않다.

나는 개인적인 경험을 통해 내 안의 나를 인지했고 내면의 나를 만났다. 그리고 언제라도 원하면 내면으로 들어가 내면의 나와 현실의 나와의 균열에 대한 느낌을 통해 내면의 나를 감지할 수 있다. '균열'이라는 표현이 적합한 단어인지는 아직도 의문이다. 체험적인 현상을 정형화된 언어로 묘사한다는 것은 많은 한계가 있다. 내가 이 단어를 사용한 것은, 딱히 그 순간을 달리 묘사할 적합한 표현이 떠오르지 않기 때문이다.

경험과 지혜가 축적된 상위자아의 말을 어떻게 들을 수 있을까? 역시 그 자아는 정형화된 언어로 말하지 않는다. 앞서도 언급했듯이 단지 감정을 통해서만 말한다. 그것을 알아채는 것은 물론 쉬운 일이 아니다. 떠오른 감정이 육체적 현실자아로부터 나온 것인지 아니면 내면의 상위자아가 말한 것인지 모르기 때문이다. 그렇다면 진정한 상위자아의 조언을 어떻게 구할 수 있을까?

생각을 멈추고 특정 문제에 대해 떠올리되, 외부적 상황이 결부되지 않은 상태에서 오직 그 문제에 대해서만 집중적으로 상위자아에게 질문해 보라. 특별히 화난 상태가 아닌데도 부정적 감정이 불현듯 떠오른다면 그 문제는 자신의 내면 에너지와 부합하는 것이 아닐 가능성이 높다. 그런 경우, 자신이 시도하려는 일을 중단하는 것이 좋다. 하지만 반대로 평온한 느낌이 들거나 좋은 기분이 든다면 그 일은 내면과 우주의 에너지에 부합하는 일일 가능성이 높다. 아무 느낌이 없다면, 그냥 자신의 선택을 통해 창조를 만들어 갈 수 있다.

기적 안에 살고 기적에 웃고 기적에 울라

원하는 현실을 창조하는 것은 기적이다. 기적은 우리의 삶을 행복으로 충만하게 해 줄 것이다. 나는 이 책이 그대에게 삶의 모든 면에서 풍요를 얻을 수 있는 하나의 유쾌한 힌트가 되기를 바란다. 또한 이 책이 그대의 내면적 자아를 찾아가는 일에 기여할 수 있으리라 확신한다. 이후의 책들을 통해서 그런 점들에 대한 대화를 좀 더 할 수 있길 희망한다.

누군가는 이 책의 내용에 모두 동의할 수 없을지 모른다. 이 책의 일부 내용은 기존의 관념으로는 이해하기 힘든 면이 있으며 어떤 경우 기존의 사고방식에 많은 조정을 요구하기도 한다. 나는 이 책의 내용을 전부 받아들여야 한다고 말하지 않겠다. 그냥 그대에게 어떤 식으로든 도움이 되었으면 좋겠다.

행복을 찾아가는 그대에게 이 책이 적게나마 기여할 수 있다면 나는 그것을 영광으로 여길 것이다. 그대는 위대한 존재이며 특별하고 소중한 존재이기 때문이다.

한눈에 보는 마음의 힘 사용설명서
_마음의 힘과 현실 창조

1. 현실 창조의 1차 핵심 : 현재에 머무르는 것

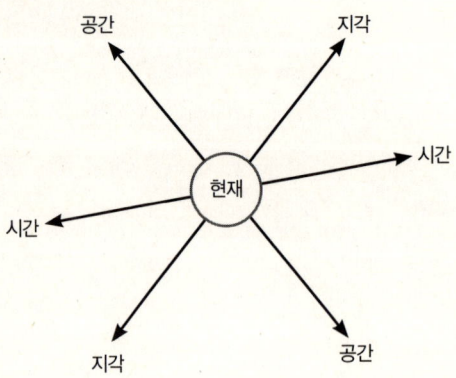

우리를 둘러싸고 있는 에너지의 흐름은 크게 세 가지 방향성을 가진다고 말할 수 있다.

하나는 시간적 방향성이다. 현재를 중심으로 화살표의 한쪽
은 과거로, 하나는 미래를 향해 이어진다. 시간적 측면에서 현재
에 머무르는 것은 의미상 그렇게 이해되기 힘든 것은 아니다. 일
반적으로 현재라는 단어는 시간적 개념으로 쉽게 이해되기 때문
이다.

다른 하나는 공간적 방향성이다. 공간적인 방향성을 굳이 화
살표의 모양처럼 일률화된 연속적 이미지로 떠올릴 필요는 없
다. 그냥 단순히 모든 공간에 존재하는 다양한 요소들을 떠올리
면 되겠다. 공간의 개념에서 현재에 머무르는 것은 온갖 요소들
에서 벗어난 자신을 자각하는 것과 관련이 있다. 예를 들어, 내
가 속한 공간의 모양이나 크기, 넓이, 빛의 세기, 피부로 느껴지
는 공간의 감촉 등에서 부여되는 의미적 요소들로부터 벗어나
는 것이다. 공간적 방향성에 있어서 현재에 머무르게 되면, 공간
이라고 부를 수도 없는 무언의 침묵 안에서 오직 자신의 존재만
이 느껴진다.

나머지 하나는 지각(知覺)의 방향성이다. 옳다거나 그르다거
나 불쾌하다거나 유쾌하다거나 하는 식으로 뻗어 가는 지각의
양면성에서 벗어나 현재에 머무르게 된다면, 마음은 쉼을 얻을
것이고 평온과 고요가 자신을 감쌀 것이다.

그렇다면, 구체적으로 현재에 머무른다는 것은 무엇을 의미
하는가? 어떻게 현재에 머무를 수 있는가?

1-1. 현재에 머무르는 방법 : 생각의 멈춤

현재에 머무를 수 있는 방법은 의외로 간단하다. 생각을 멈추면 된다. 하지만 생각을 멈춘다는 것은 말처럼 쉬운 일이 아니다. 그 방법을 살펴보기에 앞서, 생각을 멈춘다는 것이 무엇을 의미하는지 다시 한 번 떠올려 보기로 하자.

'생각의 멈춤'은 우리의 의지대로 생각을 조절하여 주변의 에너지를 원하는 방향대로 사용하는 것과 관련이 있다. 일반적으로 인간은 자신의 생각을 마음대로 가누지 못한다. 원하지 않는 어떤 생각이 불쑥 떠오르기도 하고, 불행의 암시나 걱정스런 상념이 끝도 없이 스스로를 괴롭히기도 한다. 기본적으로 인간은 자신의 생각을 멈추는 일에 익숙하지 않다. 일부러 '멍석'을 깔고 명상하듯 주변 상황을 정리해 놓고 눈을 감은 채로 마음을 다잡아도 기본적인 생각의 멈춤에서조차 인간은 매우 어색한 느낌을 갖는다. 주변의 바스락거리는 소리나 신체 상태나 작은 빛의 변화에도 호들갑을 떨면서 잡음을 만들어 낸다. 그리고 곧 그 익숙하지 않은 상태에 대한 두려움을 느낀다.

생각을 멈춘다는 것은 말 그대로 생각의 진행을 중단하는 것이다. 화가 날 때 화를 진행시키지 않고 중단하는 것을 의미하며, 두려움을 느낄 때 두려움을 가라앉히고 중단하는 것을 의미한다. 물론 여기에는 좋든 나쁘든 감정적으로 흥분하여 격양된 상태를 중단하는 것도 포함된다.

하지만 감정의 회오리건 생각의 집착적 반복이건 간에 '그만두어야지'라든가 '절대 하지 말아야지'라는 다짐만으로 멈춘다는 것은 굉장히 어렵고 힘든 일이다. 이런 식의 피나는 노력으로 가시적인 일부 얼마의 결과가 나타날지 모르지만, 그로 인해 우리의 정신은 녹초가 될 것이며 자신에 대한 내적인 심한 압박은 우리의 자아를 소극적이 되게 하거나 일그러지게 할 수도 있다. 한마디로 생각에 대한 '저항'은 그리 효과적이지도 않고 많은 유익을 주지도 않는다. 그렇다면, 생각에 대한 저항 없이 어떻게 생각을 멈출 수 있단 말인가?

1-2. 생각을 멈추는 방법 : 바라봄, 응시, 관찰

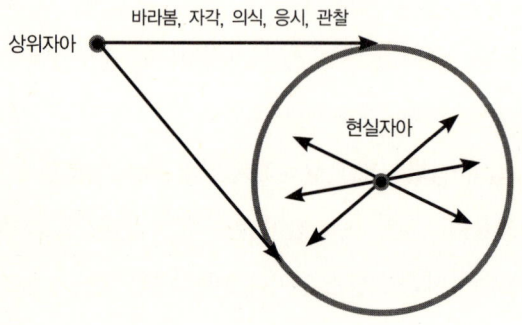

여기서 바라봄이나 자각, 의식, 응시, 관찰 등은 모두 같거나 비슷한 개념이다. 단지 상황에 따라 다르게 표현되는 언어적 차이일 뿐이다. '현실자아'의 생각은 에너지의 방향성과 마찬가지로 세 가지 방향성을 가진다. 때로 우리의 생각은 화를 내기도 하고 불안해하기도 하고 두려워하기도 한다. 특히 이런 부정적 생각들은 멈추려 해도 잘 멈추어지지 않으며 오히려 불회오리를 만들어 끊임없이 인간을 괴롭힌다.

이런 경우 생각의 회오리를 중단하기 위해 필요한 것이 바로 어떤 의미도 부여하지 않은 채 그러한 감정의 변화를 그대로 주시하는 것이다. 다시 말하면, 자신의 감정과 생각의 관찰자가 되는 것이다. 그러면 얼마 지나지 않아 정말 거짓말처럼 분노나 두려움은 꼬리를 스멀스멀 감추고 만다. 이 경우 내면의 분노나 두려움이 나쁘다거나 좋다거나 정당하다는 식의 정형화된 언어적 의미를 절대로 부여하지 말고 단지 타인의 눈으로 자신을 바라보듯 의식하고만 있어야 한다. 이것은 누구에게나 충분히 가능한 일이다. 그대는 감정의 부정적 요소들이 신속히 사라지는 모습들을 보면서 내심 놀라게 될 것이다.

굳이 상위자아라는 개념을 어렵게 이해하려 하지 말고, 현실자아의 감정적 변화를 느낌으로 주시하고 관찰하고 자각하는 내면의 무언의 느낌을 '상위자아'라 명명하자. 실제로 그대는 현실의 분노를 느끼는 자아와 이를 그윽한 눈으로 바라보며 관찰하는 상위자아의 느낌이 교차되면서 동시에 존재하는 얼마의 순간을 경험하게 될 것이다.

이 책 3장 '생각 멈춤의 기술'에 소개한 내용을 참고하여 자신의 생각을 조절해 보는 시간을 하루에 적은 시간이나마 꾸준히 가져 나간다면 현실 창조의 기본 도구가 되는 생각 멈추기에 익숙해질 수 있다.

자, 이제 내면의 상위자아와 육체의 현실자아를 동시에 느껴 보기로 하자. 일단 우리가 알게 된 대로, 눈을 감은 상태에서 생각을 멈추고 내면 깊은 곳으로 들어가 보자. 그리고 나라는 자아를 떠올려 보자. 처음에는 잘 느껴지지 않을 수도 있다. 하지만 이러한 시간을 자주 가지다 보면 수월해지는 때가 온다.

1-3. 상위자아의 메시지를 듣는 방법 : 감정 파악하기

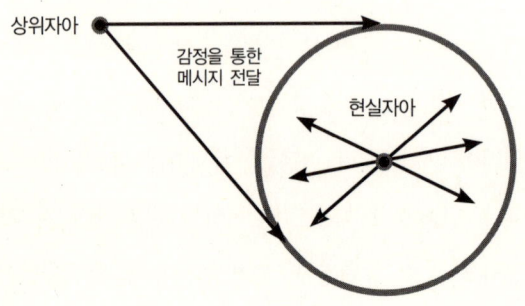

상위자아의 목소리에 귀를 기울이면 특정 문제에 대한 우리 내면의 감정(생각만으로는 파악이 안 되는 감정)이 어떠한지 알 수 있게 된다. 이러한 과정을 거치면서 우리는 문제가 되는 감정에서 벗어나 평온과 고요의 상태로 들어가게 된다. 상위자아가 안내하는 고요와 평온의 세계는 시간도 공간도 의미가 없다. 상위자아는 우리보다 훨씬 현명하고 지혜롭다. 그것은 기적을 이루는 실체이면서 때때로 현명한 판단을 내리도록 우리를 돕는다.

그렇다면 경험과 지혜가 축적된 상위자아의 메시지를 어떻게 알아들을 수 있을까? 상위자아는 정형화된 언어로 말하지 않는다. 앞서도 언급했듯이 단지 감정을 통해서만 말한다. 그것을 알아채는 것은 물론 쉬운 일이 아니다. 떠오른 감정이 육체적 현실자아로부터 나온 것인지 아니면 내면의 상위자아가 말한 것인지 모르기 때문이다. 그렇다면 진정한 상위자아의 조언을 어떻게 구할 수 있을까?

생각을 멈추고 특정 문제에 대해 떠올리되, 외부적 상황이 결부되지 않은 상태에서 오직 그 문제에 대해서만 집중적으로 상위자아에게 질문해 보라. 특별히 화난 상태가 아닌데도 부정적 감정이 불현듯 떠오른다면 그 문제는 자신의 내면 에너지와 부합하는 것이 아닐 가능성이 높다. 그런 경우, 자신이 시도하려는 일을 중단하는 것이 좋을 것이다. 하지만 반대로 평온한 느낌이 들거나 좋은 기분이 든다면 그 일은 내면과 우주의 에너지에 부합하는 일일 가능성이 높다. 아무 느낌이 없다면, 그냥 자신의 선택을 통해 창조를 만들어 갈 수 있다.

2. 현실 창조의 2차 핵심 : 감사, 베풂

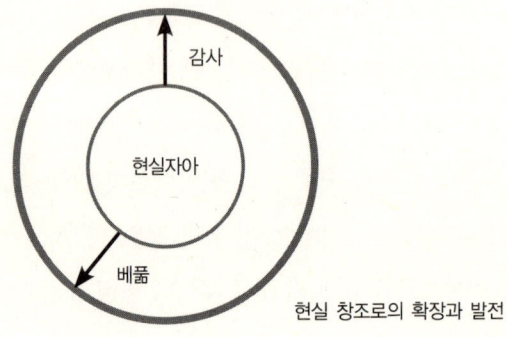

현실 창조로의 확장과 발전

　마음의 힘을 작동하여 현실을 창조하는 과정에서 감사와 베풂은 매우 중요한 요소이다. 우리가 매사에 감사하고 또 가진 것을 나눌 때 우리의 의식뿐 아니라 무의식에서도 현실 창조와 행복의 실현을 기정사실로 믿게 되기 때문이다.
　현실 창조를 위해서는 우리의 의식적인 면과 무의식적인 면의 일치가 있어야 한다. 말로는 자신이 원하는 풍요가 이루어질 것이라고 하지만 정작 우리의 무의식은 그런 풍요를 만드는 것이 가능할지에 대해 의구심을 가지거나 불안해할지 모른다.
　이때 우리의 무의식과 의식적인 면의 일치를 자연스럽게 만들어 주는 것이 있다. 바로 감사와 베풂이다. 우리가 감사하고 있다는 것은 우리가 이미 원하는 풍요의 상태에 있음을 스스로 인정하는 것이다. 아울러, 적게라도 무언가를 남에게 베풀고 있다는 것은 다른 사람에게 나누어 줄 정도의 풍요가 우리와 함께하고 있음을 피부로 인정하고 있는 것이 된다.

물론 이 일에 가식적 감사나 형식적인 베풂은 적합하지 않다. 극한의 상황 가운데서도 어떤 방법으로 어떤 형태의 감사와 베풂을 표현할 수 있는지에 대해서는 이미 앞에서 검토하였다.(111~118쪽 참조)

강조하지만, 의식적인 자아가 원하는 것을 무의식적인 자아가 부정하고 있다면 현실 창조는 이루어지지 않는다. 내 안의 모든 것이 조화를 이루어야 창조의 에너지는 활성화된다. 이러한 내부적 조화의 완성은 온전한 내부의도를 불러일으키며 외부의도와의 연결을 가능하게 한다.

3. 현실 창조의 3차 핵심 : 선택, 심상화

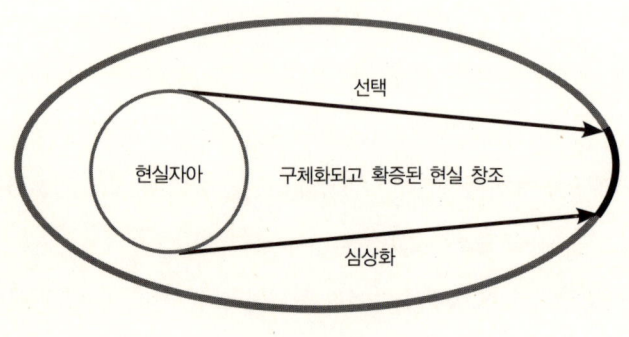

현실 창조로의 확장과 발전

위 그림의 타원에서 검정색이 아닌 회색으로 표시된 부분은 현실 창조로 인해 생길 수 있는 확장과 발전의 가능성의 영역이다. 마음의 힘을 통한 현실 창조 과정에 있어 또한 중요한 요소는 우리가 원하는 현실이 위 타원의 검정색 부분처럼 그 모습이 분명하게 드러나야 한다는 것이다. 이때 필요한 것이 바로 '선택'과 '심상화'이다.

우리가 이루려는 현실은 단순히 우리가 '원하는' 것이 아니고 이미 그것이 우리의 것임을 마음으로부터 인정하는 것이어야 한다. 즉 우리는 우리에게 올 미래를 기정사실로 '선택'하는 것이다. 앞에서도 강조했듯이, 이루어지기를 바라는 일에 대해 절절하고 애끓는 심정을 갖는 것은 결핍의 느낌에서 오는 것이다.

자신이 현재 부족하고 힘들다는 생각이 투영된 결과인 것이다. 결핍의 감정으로는 창조를 이룰 수 없다. 원하는 일이 이미 이루어진 것이라 여기고 나는 그것을 다만 선택할 뿐이라는 확신을 가져야 한다. 기적을 기적이라 생각하면 기적은 이루어지지 않는다.

또한 우리가 창조하려는 현실은 '구체화'되어 있어야 한다. 그냥 뭉뚱그려 '행복했으면 좋겠다'는 식으로 그리는 미래는 에너지 흐름의 핵심을 한 방향으로 흐르게 하기보다는 방향 없이 분산되게 한다. 구체화를 위해 필요한 것이 바로 '심상화'이다. 이것은 단순한 시각화를 의미하지 않는다. 꽃의 향기를 맡고 부드러운 옷감의 감촉을 음미하듯 내가 원하는 일의 구체적인 모습과 상태를 온몸으로 느끼고 그려 보는 것이다. 심상화가 명확하면 할수록 그 현실은 더 빠르고 확실하게 우리 눈앞에 나타날 것이다. 이러한 심상화는 얼마간의 노력만으로도 가시적 효과를 얻을 수 있다. 포기하지만 않으면 된다.

4. 현실 창조의 완성

우리 안의 내부의도는 선택과 심상화의 과정을 거치면서 외부의도와 만나게 된다. 엄밀히 말해, 이때의 외부의도는 만들어지는 것이라기보다는 이미 존재하고 있는 것이라고 할 수 있다. 우주는 이미 우리가 원하는 것을 이루려는 만반의 준비를 하고 있기 때문이다. 이 외부의도의 과정부터가 본격적으로 우리의 주파수가 우주의 창조 주파수와 공명을 일으키는 단계이다. 그리고 우리의 정형화 되어 있지 않은 순수의식(상위자아)은 이 모든 과정을 그 어떤 평가도 하지 않고 지켜보고(관찰) 있는 것이다.

결론적으로 현실 창조의 과정은 다음과 같이 정리할 수 있다.

① 현재에 머무르면서 감사와 베풂을 통해 의식적인 부분과 무의식적인 부분의 일치를 이루고
② 선택과 심상화를 통해 에너지를 구체화시키며
③ 이 모든 과정을 상위자아가 관찰하고 인지할 수 있도록 한다.

이것이 바로 우주의 에너지와 공명하는 방법이다. 의식적 자아와 무의식적 자아의 일치를 통해 점진적으로 발전한 내부의도 및 외부의도와 우주의 에너지가 공명하면 비로소 현실 창조

의 기적이 이루어진다.

　기억하라. 현실을 창조하는 이는 다름 아닌 그대이다. 그대는 마음의 힘을 통해 우주의 에너지를 사용해서 자신의 현실을 창조하고 빚어내는 것이다. 그대는 우주의 에너지를 찰흙처럼 손으로 주물럭거리다가 우연히 예쁜 모양의 그릇이나 도기를 만들 수도 있지만, 어떤 모양의 어떤 용도로 쓰일 그릇을 만들 것인지 미리 작정하고 시작할 수도 있다. 그대가 어떻게 하느냐에 따라 그대의 현실은 더 정교하고 아름다워질 수도, 그렇지 않을 수도 있다. 또한 현실을 만들어 가는 속도도 그대가 어떻게 하느냐에 따라 달라지게 되어 있다.
　어렵게 생각하지 말자. 그대가 바라는 현실은 이미 이루어져 있다. 그대는 그것을 당연하게 받아들이면 된다.

5. 일상에서 맛보는 생각 멈추기의 효과

이 책 3장에 소개된 트레이닝 방법을 평소에 실행해 봄으로써 다음과 같은 효과를 누릴 수 있다.

① 감정에 쉽게 흔들리지 않는다

이미 여러 번 우리는 자신의 생각의 관찰자가 되는 것의 중요성을 검토한 바 있다. 분노와 두려움은 우리를 뒤흔드는 파괴의 감정이다. 그런 감정이 우리를 힘들게 하는 모습을 보게 된다면 지금까지 우리가 검토한 방법을 사용해 보자. 화내고 있는 자신을, 두려워하고 있는 자신을, 어떤 정형성도 부여하지 말고 단지 가만히 바라보고 관찰해 보는 것이다. 그러면 화내고 있는 자아와 스스로를 살피고 있는 자아가 동시에 느껴지는 순간이 아주 잠시 있으면서, 어느 틈엔가 분노하는 자신의 모습이 슬그머니 꼬리를 감추는 모습을 보게 될 것이다. 이는 손쉽게 효과를 볼 수 있는 감정 조절 방법이다.

② 신체의 통증에 대한 치료 효과를 기대할 수 있다

역시 같은 방법으로 자신이 고통을 느끼는 신체 부분에 대해 어떤 언어적 정형성도 부여하지 말고 의식하고 관찰하고 바라보라. 눈치챘겠지만, 이것은 눈으로 쳐다보라는 의미가 아니라 마음을 들여다보듯이 통증의 상황을 자각하라는 것이다. 결코 약을 먹지 말라거나 치료를 받지 않아도 된다는 것이 아니다. 그대는 모든 것을 병행해서 시행할 수 있다. 필시 그대는 약을 먹는 것 이상의 효과를 보게 될 것이다. 이미 언급한 대로 나는 마비 증세가 느껴질 정도의 허리 통증과 하반신 기능 장애가 매우 짧은 시간 안에 치료되었다. 어떤 약도 먹지 않았으며 심지어 진통제도 사용하지 않았다. (이는 약이나 일반적 치료 과정이 없어도 됨을 말하는 것이 아니다. 생각을 사용하는 데 있어 어느 정도로 통제력이 있느냐에 따라 개인적 치료의 차이가 있을 수 있다는 점을 미리 말해 두는 바이다.)

③ 삶이 즐거워진다

하루 중 아주 짧게라도 생각을 멈추고 현재에 머무르는 시간을 꾸준히 가질 때 느끼게 되는 내면의 고요와 평온은 경험해 보지 않고서는 그 가치를 알 수 없다. 이때 길러지는 내면의 힘은 살아가면서 겪게 되는 수많은 어려움을 극복하는 데 분명 도움이 된다. 또한 마음이 어떤 상태이냐에 따라 뇌의 움직임이 달라지고 몸 상태가 변한다는 사실은 이미 과학적으로 입증되었다. 우리가 생각을 멈추고 내면의 평화를 찾을 때, 뇌는 우리 몸에 실제로 행복 호르몬을 분비한다.

맺는 글

내 안의 메시지들을 한 권의 책으로 정리하면서 마음이 상쾌해짐을 느꼈다. 언어로 모든 것을 전달하는 것은 불가능하겠지만, 이 글이 영적인 발전과 행복 발견, 자아의 성숙으로 진일보하는 데 기여할 수 있다면 나 또한 대단히 행복할 것이다.

나는 삶에서 많은 고비를 경험하고 눈물 나는 일들을 맞닥뜨렸다. 지나고 보니 그것들 모두가 나를 깨달음으로 이끌어 준 소중한 도구였다. 인생은 아름답고 역동적인 스토리를 가진 하나의 멋진 작품이다. 인생의 모든 과정이 금은보화로 치장된 것은 아닐지라도 지금껏 걸어온 길을 돌아보면 그것은 순간순간 의미를 지니지 않은 때가 없었다.

신은 때때로 내게 고독을 선물하여 많은 생각과 상념들에서 보다 가치 있는 것을 길어 내도록 했다. 녹록지 않은 생활 형편을 주어 그것을 극복하려는 노력을 통해 무엇이 꼭 필요한 것인지에 대해 의문을 갖게 했고, 결국 내면의 것에서 힌트를 발견하

―

는 법을 깨닫게 했다. 자살을 생각할 정도의 내적 방황은 가치관에 진지함을 부여했고, 배고픔에 잠 못 드는 밤은 이른 새벽 별들과 대화하게 했다. 지나고 보니 이 모든 것은 지금의 나를 위한 선물이었다.

그리고 신은 나에게 결국 축복의 시간을 부여하여 예전과는 다른 삶을 살게 했다. 이 글을 읽고 있는 독자들에게 나의 메시지를 전달할 수 있다는 것 또한 행복 가운데 큰 행복이다.

우리가 사는 시대는 깨달음의 시대이며, 내적인 것들에 대한 훌륭한 지혜를 얻을 수 있는 시대이다. 나는 편견과 고정관념에서 벗어나 마음으로 관심을 돌리는 것이 지금 인류가 겪고 있는 많은 문제들을 해결할 수 있는 방법이라고 생각한다.

많은 사람들이 '성취하는 삶'을 원하지만 자신이 원하는 그런 삶을 살지 못한다. 내적인 안정을 찾기 위해 노력들을 기울이지만, 실상 마지막에 가서 느끼는 것은 허무인 경우가 많다.

이리저리 뻗어 나가는 생각의 회오리를 멈추고 내면으로 들어가 참된 자아를 만나고 현재의 가치를 깨닫는 것은, 허무함으로 귀결되는 대다수의 결론과는 차원이 다른 진보이다. 그것은 나를 더 풍요롭게 하고 안정되게 하며 삶에 활력과 의미를 부여한다. 우리는 영원의 존재이다. 과거의 삶이 어떠하였든 거기에 연연하지 않을 수 있으며, 미래에 대한 두려움은 우리의 갈 길을 가로막지 못한다. 우리의 시초는 기적이었고, 우리는 스스로 기적을 만들어 가는 존재이다.

수련원 같은 곳이라곤 단 한 번도 가 본 적이 없는 독실한 그리스도인이었던 내가, 깨달음과 삶의 힌트를 얻고자 눈을 감고 명상을 시작했던 때가 기억난다. 처음 어둠 가운데서 정좌를 하고 앉아 눈을 감았을 때는 두려움이 밀려왔다. 모르는 세계에 대한 두려움과 함께, 부모님으로부터 교육받아 온 기존 종교의 관념으로 내가 죄를 짓고 있는 건 아닌가 하는 생각이 엄습해 왔다. 거기에 더해 알 수 없는 어둠 가운데서 홀로된다는 사실이 나를 감정적으로 크게 흔들어 놓았다. 하지만 나의 염려와 두려움은 괜한 것이었음을 얼마 지나지 않아 깨닫게 되었다. 감정은 고요해졌고 평화가 밀려왔다.

 마음에 힘이 있다는 사실을 확신하게 된 것은 내 삶이 명백하게 달라지고 있음을 목격하면서부터이다. 앞에서 언급한 대로 나에게는 하루하루가 새로움의 연속이었다. 삶이 바뀌어 가는 모습에 재미가 붙었고 신기한 느낌까지 들었다.

 우리 모두는 행복하게 되어 있는 존재이다. 이는 추상적인 철학의 언어에 그치는 것이 아니라, 구체적인 우리의 몸과 마음, 그리고 우리를 둘러싼 우주의 원래 모습이 행복을 품고 있으며 그것이 발현될 때만을 기다리고 있다는 뜻이다. 내 안의 평온과 고요를 느끼고 상위자아의 존재를 만날 때 우리의 뇌는 행복을 명령하고 몸은 창조의 에너지를 재배열한다. 이는 우주에 이미 존재하는 창조의 에너지와 공명하여 우리가 원하는 현실을 눈앞에 실현시킨다.

　마음의 힘을 움직일 때, 우리는 다른 삶을 살 수 있다. 이 책을 읽는 그대가 풍요와 행복이 함께하는 삶을 누리길 바란다. 신은 그대로 하여금 그대가 신을 닮은 아름다운 존재임을 깨닫게 할 것이다.

참고 자료

문헌 자료

게리 주커브, 〈영혼의 의자〉, 나라원, 2000
게이 핸드릭스, 〈다섯 가지 소원〉, 랜덤하우스코리아, 2008
김나미, 〈갠지즈 강가에서〉, 고즈윈, 2005
　　　〈이름이 다른 그들의 신을 만나다〉, 고즈윈, 2004
닐 도널드 월쉬, 〈신과 나눈 교감〉, 한문화, 2001
　　　　　　 〈신과 나눈 이야기 1~3〉, 아름드리, 2002
　　　　　　 〈신과 집으로〉, 아름드리미디어, 2009
다이온 포춘, 〈미스티컬 카발라〉, 좋은글방, 2009
달라이 라마, 〈달라이 라마의 행복론〉, 김영사, 2001
　　　　　 〈마음을 바꾸면 인생이 변한다〉, 문이당, 2002
달라이 라마·빅터 챈, 〈용서〉, 오래된미래, 2004
데이비드 호킨스, 〈내 안의 참나를 만나다〉, 판미동, 2008
　　　　　　　〈의식 수준을 넘어서〉, 판미동, 2009
　　　　　　　〈의식혁명〉, 한문화, 2000
레너드 제이콥슨, 〈지금 이 순간〉, 침묵의향기, 2007
론다 번, 〈시크릿〉, 살림Biz, 2007
뤼디거 샤헤, 〈마음의 자석〉, 열음사, 2009
바딤 젤란드, 〈리얼리티 트랜서핑 1·2〉, 정신세계사, 2009
바바라 버거, 〈불안한 나로부터 벗어나는 법〉, 나무생각, 2008
바이런 케이티·스티븐 미첼, 〈네 가지 질문〉, 침묵의향기, 2003
법정, 〈무소유〉, 범우사, 1999
베어드 T. 스폴딩, 〈초인들의 삶과 가르침을 찾아서〉, 정신세계사, 2005

브라이언 콜로디척 편, 〈마더 테레사 나의 빛이 되어라〉, 오래된미래, 2008
스티븐 리 웨인버그, 〈람타〉, 여울목, 2000
스피노자의 정신, 〈세 명의 사기꾼〉, 생각의나무, 2005
에모토 마사루, 〈물은 답을 알고 있다〉, 더난, 2008
에스더힉스·제리 힉스, 〈뉴비기닝〉, 시골생활, 2008
에크하르트 톨레, 〈지금 이 순간을 살아라〉, 양문, 2002
〈지금 이 순간을 즐겨라〉, 양문, 2002
욘게이 밍규르 린포체, 〈티베트의 즐거운 지혜〉, 문학의숲, 2009
잭 캔필드, 〈내 마음이 강해야 내 소원도 이루어진다〉, 청조사, 1998
조 바이텔·이하레아카라 휴 렌, 〈호오포노포노의 비밀〉, 눈과마음, 2008
크리스 와이드너, 〈영향력〉, 리더스북, 2008
클로드 브리스톨, 〈신념의 마력〉, 비즈니스북스, 2007
틱낫한, 〈화〉, 명진출판, 2002
페테르 에르베, 〈우리는 신이다〉, 아름드리, 2002
프란츠 바르돈, 〈헤르메스학 입문〉, 좋은글방, 2008

영상 자료

〈Atom〉, BBC, 2007
〈Conversations with god〉, spiritual cinema circle, 2006
〈Dangerous Knowledge〉, BBC, 2007
〈Jill Bolte Taylor's stroke of insight〉, www.ted.com, 2008
〈The Moses Code(Twyman, James F)〉, Hay House Inc, 2008
〈The Secret(Byrne, Rhonda)〉, Simon & Schuster, 2006
〈What the bleep do we know〉, load of the wind films, 2004
〈What the bleep down the rabbit hole〉, samuel goldwyn films, 2006
〈우리 곁에 와 있는 미래 양자혁명〉, EBS, 2008